AF454004

ESSAIS
HISTORIQUES.

E S S A I S
HISTORIQUES.

PAR

M. J*** M*****, *Prof. à S*********.*

CONTENANT

I. Vue générale de l'Hiſtoire politique de l'Europe dans le moyen áge.

II. Conſidérations ſur le Gouvernement de Berne.

III. Tableau des troubles de la République de Geneve, depuis leur origine juſqu'à nos jours.

Orientia tempora notis
Inſtruit exemplis.
HORAT.

A B E R L I N,
Chez G. J. DECKER, Imprimeur du Roi.

M. DCC. LXXXI.

INTRODUCTION.

LOrsque les Romains conquirent le monde, l'Espagne, florissante par le commerce qui se faisoit sur ses côtes, étoit féroce & libre dans ses montagnes ; la France étoit corrompue par la mollesse & affoiblie par d'innombrables factions ; les Pays-Bas, couverts de marais, appartenoient à une nation belliqueuse ; la Grande Bretagne fut indomptable tant que satisfaite d'une vie libre & simple elle dédaigna les mœurs étrangeres ; l'Allemagne fut invincible & formidable, parce qu'elle ne perdit jamais ses mœurs ; la Suisse étoit en partie couverte de forêts, en partie cultivée par un peuple paisible, mais jadis belliqueux ; la Hongrie & les provinces voisines étoient déterminées à tout perdre plutôt que l'indépendance ; les Grecs n'avoient plus que de l'esprit; l'Asie accoutumée à la soumission se contentoit de jouir ; l'Egypte étoit peuplée d'esclaves, de charlatans & de débauchés : les côtes d'Afrique étoient bien cultivées & bien défendues. Au midi, s'étendoient des déserts de sables ; à l'orient, l'Arabie, invincible par le genre de vie de ses habitans, & par la même raison tranquille, & le pays des Parthes, moins faits pour conquérir que pour envahir & piller; dans le nord, une foule de nations plus incommodes que redoutables, qu'il falloit gagner par des présens ou dompter par les armes. A quelques journées de la mer noire, & au-delà du mont Krapak & de l'Elbe, tout étoit inconnu.

476 Lorsque les Romains perdirent l'empire du monde, l'Espagne, affoiblie par

la soumiffion, étoit déchirée par les guerres des Vifigoths, des Vandales, des
Alains, des Allemans; la France, en proie
aux peuples Germaniques, aux Bour-
guignons, aux Vifigoths, étoit divifée
par des factions, écrafée par des op-
preffions, & abaiffée par une longue
fervitude : les Pays - Bas appartenoient
déja aux Francs : la Grande-Bretagne,
depuis la perte de fes mœurs, étoit
d'une foibleffe extrême, méprifée de
tous les peuples voifins, & de tous
les pays le plus mal gouverné, & le
moins capable d'aucune entreprife. En
Allemagne les vainqueurs furent plus
malheureux après leurs conquétes qu'ils
ne l'avoient été dans leurs bois : la
Suiffe étoit un défert : la Hongrie le
pays de paffage de toutes les nations
barbares : la Grece étoit anéantie par
fon incapacité pour les grandes entre-

prifes , & dépourvue de goût pour les belles chofes : Conftantinople , l'Afie , l'Egypte , fans conftitution politique ni militaire , fans mœurs , étoient gouvernées par la fuperftition & par les intrigues de la plus méprifable des cours : les Africains gémiffoient fous un fceptre de fer : par toute l'étendue de l'Empire on ne voyoit que dépopulation , ruine, carnage , rapine , oppreffion , ignorance, lâcheté , toutes les atrocités réunies à toutes les infamies , le tout fans remede , & perdu à jamais.

VUE GÉNÉRALE

DE

L'HISTOIRE POLITIQUE

DE L'EUROPE

DANS LE MOYEN AGE.

Omne ævum tribus explicare chartis.
CATULL.

CHAPITRE PREMIER.

Les tems de l'anarchie.

LA monarchie universelle, qui depuis longtems n'étoit plus qu'un vaste corps sans ame, avoit enfin disparu ; mais l'habitude de cinq siecles de voir un empereur à la tête de toutes les nations les avoit accoutumées à reconnoître cette suprématie dans quelque prince : plusieurs princes, dont l'ambition faifit cette idée, remplirent l'Europe de guerres & de méfiance. Je vais vous indiquer les princes & les nations qui de fiecle en fiecle ont eu la puiffance fuprême.

L'hiftoire des états modernes furpaffe, par la difficulté des entreprifes, tout ce qu'on voit parmi les anciens ; nous avons bien plus fujet de nous étonner des chofes que nous voyons que de celles que nous lifons.

Cinquieme & fixieme fiecle. A la tête de l'hiftoire du moyen âge paroit un grand homme, auquel fon génie valut la plus grande puiffance & fa fageffe l'art de s'en bien fervir. C'eft Théodoric, roi des Oftrogoths en Italie. 493 Il ne régnoit que fur l'Italie, fur la Provence, & fur une partie de la Suiffe ; mais la vénération qu'on avoit pour Rome, où Théodoric régnoit, & la vénération que fes grandes qualités infpiroient à toutes les nations barbares lui donna fur les rois d'Efpagne, de France, de Bourgogne, & d'Allemagne une autorité paternelle ; il s'en fervit pour établir par-tout la paix & l'ordre. Mais comme fon pouvoir n'étoit qu'un effet de fa 586 vertu, ce pouvoir expira avec lui. Pendant le refte du fixieme fiecle, on ne trouve chez aucun autre prince un afcendant de génie marqué & durable.

On trouve le pouvoir fuprème entre les mains d'une nation dont les vainqueurs de Rome furent forcés de fubir la loi , qu'on rencontre par-tout, & toujours victorieufe. Je parle des Francs, qui non contens d'avoir conquis la France s'emparerent de toute la Suiffe & de la haute Allemagne jufqu'aux frontieres de la Veftphalie, par la feule ardeur de leur héroïfme , fans qu'ils euffent eu un gouvernement bien ordonné, ni une fcience militaire diftinguée. Ce fut cette nation que les empereurs Grecs recherche-rent, & qui étendit fa puiffance par toute l'Europe alors connue.

Ce fiecle peut être nommé celui des éta-bliffemens. L'an 484, commença le regne de Clovis ; l'an 493 celui de Théodoric; la même année Ambrofius fit le dernier effort pour délivrer l'Angleterre des Saxons: l'an 568 commença le royaume des Lombards ; la même année Lévigilde , vainqueur des Sue-ves, rendit les Vifigoths maitres de toute l'Espagne. Le nord est inconnu ; mais vers ce même tems les Russes paroissent avoir occupé le pays où nous les voyons.

Septieme siecle. Je ne balance point sur la nation à laquelle appartient ici le premier rang ; c'est à celle qui , paisible depuis le commencement du monde , sortit alors de son pays & subjugua le royaume Persan , la Mésopotamie , la Syrie , l'Egypte , & toutes les côtes de la Barbarie jusqu'au détroit de Gibraltar , en moins de 50 ans : vous reconnoissez les Arabes. Ce n'étoit point une invasion comme celle d'Attila , mais un empire qui dura plus longtems que celui des Romains. L'anarchie affoiblissoit les Espagnols , les Francs , & les Anglois : les Lombards eurent quelques bons rois , mais qui ne furent illustres que dans leur propre pays. Les Arabes , il est vrai , ne vinrent point encore en Europe , mais ils font oublier l'Europe ; c'est le siecle des Arabes.

Huitieme siecle. Nous n'avons encore vu que des nations , elles n'avoient que des armes , la férocité donnoit seule le pouvoir suprême. Tout d'un coup on voit la fondation d'un gouvernement, l'introduction de nouvelles mœurs, & la renaiffance des lettres. Deux princes partagent notre attention : le premier eft celui que l'on connoit par la Sultane Sheherazade ; c'eft Aaron al Rachild, 785 commandeur des croyans. On lui doit la confervation des fciences , qui par - tout abandonnées trouverent de l'accueil à Bagdad : c'eft delà que des docteurs Arabes les porterent chez les barbares nos peres , qui devinrent leurs écoliers. Aaron fit trembler l'Afie, il étendit fon empire en Europe ; mais il avoit un contemporain qui fut bien au deffus de lui , & dans ce huitieme fiecle les principaux regards ne font pas pour Aaron ; Charlemagne vivoit alors. Celui qui de Calais 768 jufqu'à Roncevaux , du Holftein jufqu'à Naples, & du fond de la Hongrie jufqu'aux rivages Atlantiques , gouvernoit tous les pays, avoit fans doute la principale puiffance : celui qui avoit ainfi triplé le royaume de fon pere, & qui dans un tel empire régnoit toujours par lui-même , paroit avoir mérité une telle puiffance. Du fein de l'anarchie le génie d'un feul homme fit fortir tout d'un coup un bon gouvernement, réglé par d'excellentes loix. Il fubjugua la Germanie, & voulant lui ôter le fouvenir de fa férocité, il lui donna le chriftianifme, & changea fes mœurs. Le vainqueur des Saxons, des Lombards, des Huns & des Bavarois, après avoir chaque jour examiné l'état entier & tous les befoins de fon empire, s'entretenoit le foir, & fouvent pendant la nuit, avec Alcuin, qui cultivoit les lettres : c'eft Charlemagne qui apprit aux Européens le prix du favoir. On peut dire que rien n'a été au deffus de lui, ni rien au deffous; car quand il rétabliffoit le trône des Céfars, & quand il régloit la moindre ferme de fon domaine, c'étoit toujours Charlemagne. Les rois devroient régler leurs états comme il a réglé fes métairies; les particuliers feroient heureux s'ils favoient régler leurs métairies comme lui fon empire. Tant de grandeur étoit l'effet de la fimplicité que Charlemagne favoit mettre dans toutes fes maximes : on voyoit l'empreinte de cette même fimplicité dans fon extérieur & dans toute fa cour : fes conquêtes étoient plus difficiles

que celles d'Alexandre; fes loix étoient fu-
périeures à celles des autres princes, & dans
fes mœurs il étoit comme un fimple gentil-
homme.

Après lui il n'y a pas moyen de nommer
les princes de l'Heptarchie Saxonne ni les
rois des Afturies. La magnificence du prince
des *mille & une nuits* difparoit devant la
fimplicité de Charlemagne. C'eft le fiecle de
Charlemagne, il changea tout.

Neuvieme fiecle. L'Anarchie paroît finir;
qu'on ne s'y trompe pas, elle commence. La
grandeur de Charlemagne avoit obfcurci la
gloire de fon pere, la fienne fut relevée par
la foibleffe de fes defcendans qui laifferent
périr fon empire, & tout ce qu'il avoit fait.
Qu'on ne s'attende point à voir s'élever une
puiffance fupérieure, il n'y en eut point,
car tout le monde s'arrogea la puiffance. Et
c'eft ici que tout un monde de nouvelles
nations paroit foudain devant nos yeux,
comme fi tous les pays du nord fortoient
du fond de cet océan dont les Anciens
les avoient cru couverts. Les mœurs des
nations du midi changerent par la fubfti-

tution de la vie agricole à une vie paftorale :
la grandeur de Charlemagne ayant été l'effet
d'un heureux naturel, plutôt que de l'efprit
de fon fiecle, la route du génie fut perdue
après lui. Ce fut une grande révolution du
nord, lorfque les rois de Danemark foumi-
rent peu à peu les petits états de leur voifinage, & lorfque Harolde *aux - beaux-*
868 *cheveux* introduifit en Norvege le pouvoir
d'un feul : le contrecoup de cette chute de
l'ancienne indépendance fut reffenti jufques
fur les côtes de Barbarie : cinq états s'établirent, deux royaumes changerent de mœurs.

Le Danemarck s'accoutuma au chriftianifme.

Alors Amunde commença d'abattre les
forêts de la Suede.

Tandis que le roi *aux beaux cheveux* s'affer-
miffoit en Norvege, des hommes libres,
qui refufoient d'obéir & qui fe refugierent
dans les îles, entreprirent de piller le midi
de l'Europe. Quand ils eurent effrayé toutes
les côtes de l'Europe occidentale, ils paffe-
rent le détroit, conquirent Pife, & s'emparerent de Luna, qu'ils crurent être Rome.
Cependant

Cependant d'autres Normans préférerent une conftitution de gouvernement , & en établirent une avec fageffe. Tandis que leurs concitoyens dévaftoient tout & occupoient des états, ils traverferent les vaftes déferts du Nord, & parvinrent à travers cent peuples inconnus, jufqu'aux Grecs , pour s'inftruire parmi eux ; enfuite ils retournerent parmi les glaces de leur pays , qu'ils aimoient mieux que les beaux climats foumis à l'efclavage ; cette république dont je parle eft celle d'Islande.

Pendant que rien ne réfiftoit aux armes 862 des Normans , il y en eut un qui choifi par une nation étrangere occupa le trône d'un peuple encore libre : Rurik , dont les premiers fucceffeurs ébranlerent l'empire Grec , fut appellé à devenir le premier des Czars.

Dans ce même tems il paroit que cette 869 nation ancienne, qui avoit combattu fous Fingal & chanté les poëmes de fon fils , a été forcé par les armes de Kenneth d'abandonner le midi de l'Écoffe, & de chercher dans les montagnes l'afyle de fes mœurs antiques.

Cependant le vieux comte de Söndmör en Norwege eut un fils qui fut la souche des comtes des Orcades ; il avoit un second fils qui fut la souche d'une foule de rois ; ce fut Rollon qui occupa la Normandie.

907

Parmi les bois de la Malovie, un gentil-homme qui cultivoit ses terres fut élu chef des Polonois ; ce fut Piaste, fondateur du royaume de Pologne. Sa race ne s'est éteinte qu'en 1675.

842

Dans ce même tems, les Hongrois sortirent du nord-ouest de la mer Caspienne, chassés par d'autres barbares.

894

Dans le midi de l'Europe, les Arabes s'étant rendu maitres de la Sicile arriverent aux portes de Rome.

829
854

D'après qui peut-on nommer ce siecle si fertile en héros bien plus intéressans que ceux qui combattirent dans les champs d'Ilion ? On peut le nommer le siecle des Normans. Mais si vous connoissiez un homme qui au milieu de tant de ravages eût été le libérateur de son pays, son législateur, le fondateur d'un grand commerce, l'ami des anciens, remarquable par la justesse de son

esprit & la douceur de ses mœurs, un prince
enfin qui, avec Trajan & Charlemagne, pût
être offert comme un modele aux rois, je
crois que, n'eût-il point eu la principale
puissance dans l'Europe, telle seroit la puissance de sa vertu sur votre cœur que vous
voudriez ne l'oublier jamais. Appellons ce
siecle celui des Normans & d'Alfrede.

Dixieme siecle. Le dixieme siecle est celui
des Ottons. Ce n'est pas que les Normans
n'eussent tout épouvanté par leurs dévasta-
tions, que les Hongrois n'eussent rendu l'Allemagne tributaire & que les Arabes n'eussent pénétré à travers la Suisse jusques sous
les murs de Besançon : mais Otton contint
les Arabes ; les Hongrois, vaincus par le
grand homme dont il fut le fils, furent dé-
faits par lui ; les Danois tremblerent devant
lui ; l'Italie déchirée par des partis eut re-
cours à sa protection : de Flensbourg jusqu'au Tibre Otton régna par-tout ; toutes
les nations voisines le craignirent. Henri
son pere est le fondateur des villes. L'Autriche & le Brandebourg ont alors commen-
cé. En même tems les lettres fleurissoient :

Salomon, évêque de Conftance, publia l'Encyclopédie de toutes les connoiffances ; Virgile & Horace firent les délices de la cour ; on lifoit le grec, & les moines mêmes faifoient plus que chanter & diner.

CHAPITRE II.

Le tems des vaines terreurs.

ONzieme fiecle. Tous les peuples qui ont paffé fous nos yeux avoient obtenu la principale puiffance, chacun dans fon tems, à force de valeur ; puis la jouiffance amollit la valeur. Théodoric & Charlemagne avoient étonné & difparu. Les Anglo-Saxons avoient eu de bons rois, mais leur ifle étoit un monde à part pour eux. Otton eut le bonheur de laiffer à fes defcendans, avec tant de puiffance, des talens pour la maintenir, & même pour l'étendre : mais quand ils auroient tout envahi, ils n'auroient fû tout contenir. L'occident étoit peuplé d'une foule innombrable de petites nations, fans aucune loi générale qui pût les modérer, &

trop féroces pour céder aux armes d'aucun empereur. Les rois n'avoient plus d'autorité ; les nations l'auroient-elles reconnue dans un étranger ! Ses armes auroient provoqué leurs armes ; fa puiffance auroit choqué leur amour de la liberté : à fes loix elles auroient oppofé l'amour de leurs anciennes coutumes ; fes impôts auroient révolté leur avarice. Cependant le chef de toutes les nations de l'occident fe trouva ; toutes les nations s'empreffcrent d'obéir. Ce que ne purent Théodoric, Charlemagne, ni Otton, le Souverain Pontife l'entreprit & y réuffit, & Rome de nouveau parut à la tête des nations. Sans avoir vaincu aucune nation, le pape régna fur elles & fur leurs rois, parce qu'il fut leur en impofer. Il dit qu'il avoit les clefs du ciel : l'audace de fes prétentions fubjugua les efprits ; la domination fur tout le refte ne fut plus qu'un jeu pour lui. Alors il répandit de plus en plus fon armée, les moines, pour tenir tous les efprits dans l'affujettiffement. *Parcere fubjectis & debellare fuperbos*, fut la maxime dont Rome fe fervit de nouveau.

Le pape abaiſſa les empereurs, foudroya des
rois rebelles à ſon pouvoir, éleva par-tout
les petits, alluma & entretint par-tout la
diviſion pour qu'on eût beſoin de lui, &
pour qu'il n'eût perſonne à craindre. Sa
puiſſance étoit d'un genre juſqu'alors inoui:
les anciens empires avoient été maintenus
par la ſcience militaire ou politique, le ſien
ſe conſerva par la ſtupidité univerſelle. Les
plus grands papes ont rarement eu le ſens
commun; de plus de 270 qu'on compte
juſqu'aujourd'hui, peu ont fait de bons ouvrages: ceux qui ont pouſſé l'extravagance
au plus haut point ont le mieux réuſſi,
pour nous apprendre que ce n'eſt pas l'eſprit ni le ſavoir qui donne la puiſſance,
mais que c'eſt la force des paſſions. Auſſi
n'eſt-ce qu'avec l'empire papal que commence la vraie barbarie; & plus la nuit
s'épaiſſit & l'intelligence humaine s'obſcur-
cit dans les différens pays, & plus les foudres du Vatican épouvanterent les mortels;
auſſi redoublerent-elles la profondeur des
ténebres.

103.   Appellons ce ſiecle celui de Grégoire VII,

le premier qui fut en même tems le grand-
prêtre de l'occident & le maitre de nos rois.
Les Normans conquirent l'Angleterre & fon- 1017,66
derent le royaume des deux Siciles ; & l'on 1037
croit qu'alors les Islandois naviguerent en 980
Groenlande & chez les compatriotes des
Groenlandois, en Labrador. Pendant ce 1000
tems les Czars donnerent des loix, intro-
duisirent le commerce, & envoyerent leurs
sujets en Egypte & en Assyrie ; ils en rap-
porterent les sciences & les arts. La Pologne, la Bohème & la Hongrie eurent des
rois: mais, excepté les Russes, il n'y eut
aucun de ces peuples qui ne s'humiliât devant le S. Siege de Rome, & les plus éloignés tremblerent le plus.

Douzieme siecle. Le douzieme siecle sentit
l'effet du pouvoir pontifical. C'est le tems
du fanatisme de S. Bernard de Clairvaux,
des Croisades, de S. Thomas Beket: vous
connoissez les persécutions qu'essuya l'amant
d'Héloïse, & Arnolde de Bresse qui vouloit délivrer Rome : la faculté de penser
paroissoit éteinte, tant elle étoit écrafée :
Frédéric Barberousse, Louis le Gros, les deux

Henris firent de vains efforts. On peut dire que ce fut le siecle des légendes, & qu'il ne vaut pas la peine d'en parler. L'empire papal fut plus terrible que ne l'avoit été celui des conquérans, car il faisoit trembler l'homme pour l'avenir. Lorsqu'on retrouva le droit romain, la façon dont il fut enseigné tenoit de la superstition. Lorsqu'Alonso 1139 Henriquez fonda le royaume de Portugal, ce fut par un ordre que Jésus-Christ lui adressa du haut de sa croix.

Treizieme siecle. Dans le treizieme siecle la cour de Rome passa les bornes de la mo-1212 dération. Frédéric II moins terrible par les forces réunies de l'Allemagne & de l'Italie, & par sa renommée, qui lui survécut mê-me sur les bords du Nil, que par la hardiesse qu'il eut de secouer le joug de la superstition, & d'en briser l'appui en protégeant les lettres, cet empereur étonna tellement que le pape fut forcé de recourir à des mesures violentes. Le monde s'apperçut de son esclavage; par toute l'Europe, engourdie dans une crasse ignorance, on commença d'appercevoir quelques marques de vie, les foibles commencemens de maximes nouvelles.

Dans ce fiecle náquit le droit public d'Allemagne. Les fuccefleurs de Frédéric, effrayés de fon fort, abandonnerent l'Italie pour ne pas toujours trembler devant le pape. La nation Allemande, comme fi elle prenoit une nouvelle vie, s'appliqua à la poéfie; c'eft toujours le premier pas des nations barbares vers un plus grand développement. On vit s'établir beaucoup de villes, & des confédérations pour le commerce. Les mines de Saxe furent plus riches qu'auparavant. Le plus grand homme qu'ait eu la maifon d'Habsbourg fonda fa puiffance & la diffimula. Les anciennes maifons royales de Bohème & de Hongrie étant venues à manquer, celle d'Autriche y prit déja de l'afcendant. Alors fe féparerent les deux branches de la maifon Palatine. Des débris de l'ancienne maifon de Thuringe náquit la puiffance de celle de Saxe, & fe forma le Landgraviat de Heffe. Le nord de l'empire fe civilifa peu à peu, & les barbares apprirent à obéir; car il y avoit de grands

1215

1282

1301, 6

1294
1248

hommes dans la maifon de Brunfvic en
1230 Poméranie & dans le Danemark. La Pruffe,
la Courlande & la Livonie reçurent des
mains des chevaliers Teutoniques des loix
& le chriftianifme; dès-lors ces pays ont
extrèmement fleuri.

1261   Pendant ce tems la république d'Iflande
périt par fes divifions; le commerce des
1217 mers de Lapponie fe perdit; le trône des
Czars fut écrafé par les Tatares; car Batu
1242 conquit la Ruffie & brûla Breflau, en même tems que 600,000 hommes de la même
nation fondirent fur les Chinois.

Ainfi le Nord perdit fon ancienne puiffance, mais le Midi développa la fienne.
Car la bataille que tous les chrétiens de l'Ef-
1212 pagne livrerent aux Maures près de *las Na-
vas de Tolofa* décida la chûte de la domi-
1246 nation Maure; bientôt Alphonfe X aima
les fciences exactes, & il donna à l'Efpagne
un code de loix.

En Italie l'efprit national des Normans,
le fouvenir de l'antique grandeur, les mers
qui offroient des afyles, des conquètes &
des richeffes, le commerce & l'amour na-

turel de tous les hommes pour la liberté,
porta une foule de villes au gouvernement
républicain. Son établissement parut facile
& nécessaire, à cause de l'éloignement des
empereurs & des divisions d'une multitude
de tyrans; la valeur pouvoit tout. Dès que
ces villes posséderent la liberté, leur population, leurs richesses, leur culture, leur
grandeur & leur lustre furent prodigieux,
malgré les divisions aussi anciennes & aussi
durables que la liberté de la plupart de ces
républiques. On voyoit qu'il ne faut aux
Italiens que la liberté, pour que leur climat & leur caractere les rendent supérieurs
à toutes les nations, tant on trouve dans
l'histoire de ces républiques d'inventions
& de grandes entreprises; elles ont donné
le branle à toutes les grandes révolutions
des siecles suivans.

Les rois de France commençoient à être
puissans par l'attachement du tiers-état qu'ils
avoient su élever & qui avoit besoin d'eux;
les vertus & les *établissemens* de St. Louis
firent desirer à tout François de recourir
au roi, d'être protégé par son autorité, &

d'être gouverné par un prince aussi sage.

Il est faux que l'Angleterre ait toujours été libre, mais il est vrai que les anciens Anglois ont singuliérement aimé la liberté. Cet amour chez d'autres peuples tenoit de la passion, chez eux c'étoit un sentiment réfléchi qui se portoit également vers la liberté politique, philosophique & morale ; il en résulta qu'ailleurs ce sentiment diminua avec la férocité, & qu'en Angleterre il augmenta avec les lumieres ; qu'ailleurs on mit la liberté à ne point reconnoître de loi, en Angleterre à ne respecter que la loi & à la perfectionner. Au commencement du treizieme siecle les barons assurerent leurs privileges par la grande chartre, & vers la fin du siecle les communes prirent part aux affaires.

1214

Ainsi dans ce siecle plusieurs puissances commencerent à se former, aucune ne domina, hormis le pape, qui même chanceloit.

Quatorzieme siecle. Dans le quatorzieme siecle les nations n'eurent rien de commun que des changemens continuels dans leurs constitutions.

L'envoyé de Philippe le Bel ayant donné 1303 un soufflet à un des papes les plus fiers, & qui ne fut pas vengé, cette infulte fut un échec au pouvoir des pontifes. La cour 1306 fut tranfportée dans Avignon : le Nord ne lui trouva pas les vertus des apôtres & s'en fcandalifa. Le pape avoit quitté un pays dont il étoit le maître, pour un pays dont il ne l'étoit pas. Quand les empereurs parurent ne plus fonger à l'Italie, le pape crut n'avoir plus rien à craindre; dans cette imprudente tranquillité il oublia les intérêts du pontificat pour les petits intérêts de quelques parens qu'il tâcha d'enrichir : quand les grands oublient ce qu'ils font, & qu'ils penfent comme des particuliers, tout eft perdu. La jaloufie des divers ordres monaftiques fut difficile à modérer ; le pape fe fit des ennemis parmi les moines, qui favoient le fecret de fon pouvoir. Les cardinaux de France & d'Italie ne purent s'ac- 1378 corder : il y eut deux papes & bientôt trois ; 1409 les reproches dont ils s'accablerent diminuerent l'opinion qu'on avoit eu de leur fainteté. Le fanatifme, plus qu'autre chofe,

a fon tems ; trois cents ans d'adoration durent éguifer la ferveur des croyans.

L'Allemagne perdit alors toute fa puiffance, parce que les empereurs, ainfi que
les papes, ne penferent plus qu'à leurs propres intérets ; de-là náquit un conflit de plufieurs grandes maifons ; la bulle d'or en
1356 fixa les droits. Mais les gens de lettres ou-
bliant tout pour les diftinctions de leur
droit germanique, leur efprit fuccomba à
cette érudition ; on oublia jufqu'à la conftitution, pour difputer fur les formes de la
conftitution. Les vertus germaniques furent
confervées par quelques princes, fort éloignés de ce profond favoir.

1291 Lorfque les empereurs ne furent plus les
protecteurs de l'empire, des peuplades, qui
avoient vècu fous leur protection, fe voyant
à la merci de la rapacité des grands, prirent la réfolution d'unir leur fort & d'op-
pofer d'anciennes vertus à la puiffance des
étrangers. Ces peuples dès-lors ne flatterent
ni ne craignirent perfonne, ne demande-
rent jamais ni la guerre, ni la paix, & ne
furent jamais vaincus dans leur propre pays.

Pendant que le monde entier a changé, ils ne connoiſſent encore que par oui-dire les impots, les cours & le joug étranger, vivant juſqu'aujourd'hui dans leur ancienne liberté; ce ſont les Suiſſes.

Pendant que l'empire fut ainſi ſéparé du reſte de l'Europe, la Hongrie, la Pologne & la Bohême s'affermiſſoient ſous des princes propres à les gouverner, les défendre & les agrandir.

Les Czars firent d'inutiles efforts; ils furent obligés de porter le joug des Tatares.

La Suede ſubit celui des Danois; la Nor- 1396 wege leur obéiſſoit déja: mais le malheur de la Suede n'étoit arrivé que par la faute du roi; c'eſt ce qui fait ſouvent périr des nations libres.

L'Angleterre influa ſur les affaires géné- 1338 rales, parce qu'elle occupa toute la puiſſance des rois de France. Edouard III gouverna ſon peuple avec tant de gloire qu'il parut n'avoir pas beſoin de faire uſage de ſa liberté. L'Europe admiroit l'aſtronomie de Halifax, la ſubtilité de Duns, la hardieſſe d'Occam & la profondeur de Bradwardin ; l'Anglois fembloit porté aux recherches & aux entreprifes hardies.

Au commencement du fiecle la France fut fous Philippe le Bel, qui fe fentoit déja fi puiffant qu'il ofa les chofes les plus tyranniques ; comme il cachoit cet efprit fous l'ombre de la courtoifie, il n'eut que fa volonté pour regle. Enfuite les difficultés qu'eurent les François à maintenir la maifon de Valois augmenterent leur dévouement aux volontés de leur maitre. Les Valois, dans le befoin où ils étoient d'employer toutes les forces de la nation, furent jaloux de lui plaire ; Charles V le fut par principe ; c'eft un des premiers rois qui en ait eu, & qui ait vaincu fans combat.

Quelque intéreffant qu'ait été ce fiecle à l'égard de différentes nations , il eft difficile de lui donner de l'intérêt dans le tableau général de l'Europe. Tous les états étoient comme des ifles ; quoiqu'il y ait eu de grandes révolutions , l'enfemble n'aboutit à rien. Seulement la république de Venife , alors dans le période de fa grandeur, donna l'idée des découvertes ; ces dernieres

ont

ont changé le monde. Venife étoit le plus intéreſſant de tous les états, vu l'enchaînement où ſon commerce mettoit les Indes, l'Egypte, l'Italie, la Suiſſe, la France & la Flandre. Les villes anſéatiques ne faiſoient qu'expédier les marchandiſes, les villes de Flandre & d'Italie les fabriquoient : les premieres n'avoient que cela, les dernieres étoient d'ailleurs de puiſſantes républiques; il en réſulta que lorſque le commerce ſubit des révolutions, Venife & Florence n'en périrent point, & il falut d'autres cauſes pour diminuer la ſplendeur des villes de Flandre ; pluſieurs villes d'Allemagne en furent ſubitement anéanties, au point qu'on ignore où quelques-unes des plus célebres d'entr'elles ont été ſituées. Cela prouve qu'un état doit chercher les ſources de ſes richeſſes en lui-mème ; celui qui ſait ſe paſſer de tout eſt plus riche que celui qui dépend d'un autre.

CHAPITRE III.

Siecle des révolutions.

DAns le quinzieme siecle tous les états ont éprouvé des révolutions, & c'eft de là qu'a réfulté l'état préfent de l'Europe.

Je ne dirai rien de la Scandinavie ; on ne pouvoit prévoir la cataftrophe de cette fcene de troubles. Rien de la Pologne ; ce fut le tems de fa grandeur, mais l'Europe ne le fentoit pas. Rien de la Ruffie ; elle refta longtems affervie.

Premiere révolution. Lorfque les Germains renverferent l'Empire romain, leurs différens chefs conquéroient chacun pour lui-même ; auffi étoit-ce à chaque chef de récompenfer fes compagnons d'armes : ils eurent des feigneuries. Les rois furent refpectés, mais ils n'avoient d'autre pouvoir que celui de préfider dans l'affemblée nationale. Tout le monde fait combien ces rois furent foibles ; il fut impoffible de les refpecter comme généraux ; c'étoit alors qu'ils auroient eu le vrai pouvoir (*). Il en arriva que les grands princes eurent par-tout un pouvoir immenfe, au lieu que les princes foibles n'en avoient aucun. Ce défordre apparent étoit l'ordre des chofes felon les idées de ces tems ; mais les auteurs jugent le feptieme fiecle felon les principes du dix-huitieme ; il n'entre point dans leur efprit que ni l'antiquité ni le moyen âge n'ont pas connu les monarchies d'aujourd'hui.

A l'extinction de la race des Carlovingiens le roi ne pouvoit rien, car Louis IV étoit un prince foible. Hugues Capet, qui fe fit roi, n'en fut pas plus puiffant ; mais comme duc de France il avoit dans ce duché tous les droits que les autres feigneurs avoient dans leurs feigneuries. Sa race acquit toutes les grandes feigneuries. Par-là Louis XI devint tout-puiffant, non comme roi, mais comme feigneur ; ainfi l'empereur eft puiffant comme archiduc & roi de

---

(*) Reges ex nobilitate , duces ex virtute fumebant.
Tac.

Boheme & de Hongrie, & non comme empereur. Quoiqu'il en foit, c'eft ainfi que Louis XI devint maitre chez lui.

Comines dit fort bien que toute la grande nobleffe d'Angleterre a péri dans les guerres entre les deux Rofes. Il y eut encore des chefs de parti; mais Henri VII n'ignoroit pas la haine que s'étoit attiré Louis XI par fa maniere de fe défaire d'eux : au lieu d'encourir le mème blâme, il leur laiffa la vie, & leur ôta tout crédit, puniffant toujours ceux qui s'attachoient à eux : ainfi tout le monde s'éloigna d'eux, & comme les punitions des petits ne font point d'éclat, Louis XI paffa pour un Tibere, & Henri VII pour un Salomon. Il n'en devint pas moins maitre chez lui.

Louis XI n'avoit fait mourir que des feigneurs; c'étoit un petit mal en comparaifon de ce que l'on fit en Efpagne. Les rois d'Efpagne avoient peu à peu augmenté leur pouvoir : Ferdinand le Catholique & fon miniftre, voulant affervir à jamais une nation qui depuis 800 ans combattoit pour fa liberté, firent une chofe inouie, pour laquelle il n'y a qu'une expreſſion inouie : c'eſt qu'ils tuerent l'eſprit national , ils éteignirent ſon ame par l'inquiſition. Ainſi le roi d'Eſpagne devint maître chez lui.

L'origine de nos monarchies fut la premiere révolution du quinzieme ſiecle. Elles prirent d'abord un prodigieux aſcendant ſur les états qui n'avoient point de centre ni de ſyſtème.

Seconde révolution. Parmi les grands qui bornoient le pouvoir des rois de France , le duc de Bourgogne étoit ſeul redoutable ; car les états de Philippe le bon , maître des Pays-Bas , duc de Bourgogne & comte de la Franche-Comté , floriſſoient au ſein d'une longue tranquillité , & ſous un gouvernement paternel , plus que jamais la Flandre n'avoit fleuri ; ils s'enrichirent & ſe peuplerent d'une façon étonnante. En même tems la nobleſſe étoit animée du véritable eſprit de chevalerie & contenue par la modération & la puiſſance du duc : Uſong, roi de Perſe , l'appelloit avec raiſon le grand duc de l'Occident. A Philippe ſuccéda Charles, ennemi de Louis XI par

principe & par caractere, fupérieur à **Louis**
en courage, inférieur en rufes. Charles,
pour affermir fon état, chercha querelle au
duc de Lorraine, & le chaffa de fon pays.
L'Alface lui étoit engagée; la Savoye étoit
dans fes intérèts; le vieux roi Réné, comte
de Provence, vouloit l'inftituer fon héri-
tier : il pouvoit ainfi féparer le royaume de
France de l'Allemagne & de l'Italie. Il
avoit pour lui la maifon d'Autriche, dont le
chef defiroit le mariage de Marie de Bourgogne pour l'archiduc fon fils : il avoit
l'Angleterre pour lui, étant proche parent
du roi d'Angleterre. Louis, dans un fi
grand embarras, fe fouvint d'un combat
qu'il avoit autrefois livré aux Suiffes (*),
& de la bravoure prodigieufe de ces montagnards; il avoit voulu dès-lors les attacher aux intérèts de fa couronne : l'affaire
devint preffante. Ainfi le roi gagna la maifon de Diesbach, puiffante dans Berne; la
république de Berne déclara la guerre au
duc de Bourgogne, au fujet de diverfes

____

(*) Bataille de St. Jaques, proche de Bâle, en 1444.

plaintes que les Suisses avoient contre lui.
Charles, qui n'en vouloit point à eux, tâcha de leur inspirer des sentimens pacifi-
ques; mais les Suisses protégerent le duc
de Lorraine & l'archiduc que Charles avoit
offensé. Charles faisoit peu de cas de ces
républicains alors presqu'inconnus : il marcha contre les Suisses comme Xerxès contre les Grecs ; il eut le même fort. La
honte d'avoir succombé à de simples bourgeois le mit au désespoir. Il voulut re-
prendre Nanci, puis venger son injure. Le
duc de Lorraine fit aux Suisses des plaintes
si touchantes que la diete lui accorda de
nouveaux secours. Dans la bataille Charles
perdit la vie : il étoit le dernier descendant
mâle des ducs de Bourgogne. Sa fille auroit voulu épouser le dauphin ; les Flamands
préféroient l'archiduc ; ils craignoient Louis
XI, son voisinage, sa grande puissance. Les
liaisons de la jeune princesse avec la cour de
France furent découvertes : elle se trouvoit
dans le conseil de la ville de Gand, elle avoit
juré de n'entretenir aucune intelligence avec
Louis : alors on produisit la lettre qu'elle

lui avoit écrite ; elle ne sut que répondre ; les Flamands la marierent à l'archiduc Maximilien. Louis XI en fut rempli de dépit : il avoit pris la Bourgogne ; mais le manque de discipline à la journée de Guinegate le priva de la Franche-Comté. L'empereur Frédéric III, chef de la maison d'Autriche, n'avoit aucune autorité dans l'empire ; le roi de Hongrie l'avoit chassé de l'Autriche ; il auroit été haï s'il n'avoit été plus encore méprisé : ainsi le mariage de son fils fut une grande fortune pour la maison d'Autriche. Les archiducs furent ainsi placés sur les deux limites : là, ils devoient garder l'empire contre les Turcs ; ici, contre les François.

Troisieme révolution. Un grand homme l'a fort bien remarqué : ainsi que le Rhin, après avoir parcouru cent provinces qu'il arrose & qu'il défend, se perd dans les sables, de même l'empire romain qui avoit dompté le monde finit tristement avec une seule ville. Tandis qu'au neuvieme siecle S. Ansgaire convertit le nord de l'Europe, des missionnaires musulmans allerent con-

vertir les Turcs à l'est de la mer caspienne.
Dès-lors les Turcs sortirent de leur antique demeure. Un siecle plus tard ils sou-
mirent l'Indostan, & bientôt la Perse, la Syrie, & une partie de l'Asie mineure : ils fon-
derent le puissant royaume de Carisme. Au
milieu du treizieme siecle, S. Louis étant roi
de France, & l'empereur Frédéric II venant
d'expirer, après l'invasion des Mogols, douze
émirs Turcs descendirent du mont Taurus,
où ils s'étoient retirés devant le Mogol ;
un d'eux, nommé Osman, fut le premier
chef des Turcs osmanlis, le fondateur de
la sublime Porte. Il avoit 25000 hommes ;
ce sont eux qui établirent la puissance otto-
manne. Dans ce tems les Paléologues mon- 1263
terent sur le trône grec ; Michel IV avoit
fait crever les yeux au jeune empereur Las-
caris dont il étoit tuteur. Dans toute cette
maison on ne vit que le crime & la foi-
blesse, le plus souvent réunis. Tandis que
dans Constantinople on disputoit sur l'or-
thodoxie du concile de Florence, Maho- 1453
met, sultan turc, mit fin à cet empire. A
la prise de Constantinople l'Europe trem-

bla : le pape Piccolomini réfolut de conduire lui-même, ce qu'aucun de fes prédéceffeurs n'avait fait, les chrétiens contre les infideles. Tout le monde eut les yeux tournés vers la Hongrie, vers le fénat de Venife, vers les princes d'Italie. Plufieurs grands hommes furent animés du noble projet de facrifier leur vie à la défenfe de la chrétienté : tel fut Jean Hunniade, protecteur de la Hongrie : tel fut le roi fon fils, le Scanderbeg, & Etienne de Moldavie, tous d'illuftres héros, couverts de lauriers immortels, & qui nous ont fauvé du joug des mufulmans. Tout étoit à craindre du génie de Mahomet & de la bravoure invincible des Turcs ofmanlis, qui fous fes aufpices conquirent 200 villes & douze royaumes. Bientôt, fous Sélim, les côtes d'Afrique, l'Egypte & la Syrie reconnurent la domination du grand-feigneur. Ces conquêtes donnerent lieu à l'autorité de la maifon d'Autriche ; elles font la clef d'une foule d'événemens.

Quatrieme révolution. Machiavel, dans un livre dédié au pape, remarque que tous

les maux de l'Italie viennent du pape. Il
ne pouvoit se rendre maître de toute l'Italie ; mais il pouvoit empêcher qu'un autre
ne le devînt ; ce qui divisa les forces de l'Italie. Celles de la France & de l'Espagne
ayant été concentrées sous la puissance des
rois, il fut impossible à l'Italie de conser-
ver l'indépendance.

L'Italie se suffisoit à elle-même : plongée
dans l'ignorance de tout çe qui se passoit
dans le reste de l'Europe, elle désignoit tous
les peuples au-delà des Alpes du nom de
barbari. “ Nos princes Italiens, disoit le
grand homme que je viens de nommer,
„ nos princes Italiens, avant d'avoir éprouvé
„ les armes ultramontaines, croyoient qu'il
„ suffisoit à un prince d'écrire une belle
„ lettre, d'avoir la répartie bonne, de mon-
„ trer dans la conversation beaucoup d'esprit
„ & de vivacité, de savoir tramer une in-
„ trigue, de mettre du goût dans ses orne-
„ mens d'or & de bijoux, de dormir & de
„ manger avec plus de splendeur que les
„ autres, & d'être porté à tous les plaisirs,
„ d'en user envers ses sujets avec beaucoup

» de faste & d'avarice, de vivre dans l'oisi-
» veté, de donner les grades du militaire
» selon la faveur, de méprifer celui qui lui
» auroit tracé quelque plan louable, & de
» vouloir faire paffer fes caprices pour des
» oracles. Ils ne fentoient point, ces mal-
» heureux, qu'ils fe préparoient à devenir
» la proie de quiconque les attaqueroit. De
» là ont réfulté, dans la quatorze-cent-
» quatre-vingt-quatorzieme année, les gran-
» des terreurs, & les déroutes fubites, &
» des cataftrophes épouvantables. C'eft ainfi
» que les trois états de l'Italie les plus puif-
» fans ont été tant de fois ravagés & fac-
» cagés (*) ".

Naples avoit un gouvernement féodal ;
Ferdinand en étoit roi ; il parla avec la clé-
mence de Céfar ; mais il en ufa durement
envers tous les grands barons. Il voyoit la
néceffité de mettre Naples fur le pied des
autres royaumes : il ne put y réuffir, & fe fit
abhorrer.

Plus la monarchie fpirituelle chanceloit,

____

(*) Arte della guerra, **L. VII.**

& plus le pape s'attacha aux vues d'agrandissement en Italie. Tous les pontifes depuis Martin V furent des Italiens.

Les Rovere à Urbin, la maison d'Efte à Ferrare, les Gonzagues à Mantoue & les Sforces à Milan étoient des fouverains ; les Bentivoles à Boulogne, les Petrucci à Sienne, les Baglioni à Péroufe & les Médicis à Florence alloient le devenir. Entre ces fouverains & les princes au-delà des Alpes il y avoit une différence totale. Nos princes, nés feigneurs, étoient devenus les maîtres d'un plus grand nombre de feigneuries : les princes d'Italie n'avoient été que des citoyens ; ils s'étoient rendus maîtres de leurs républiques, comme Pififtrate, Gélon, Nabis. D'où il réfulta que nos princes n'avoient à craindre que les feigneurs dont ils vouloient occuper les terres ; le peuple, accoutumé à obéir, les reconnoiffoit dès-lors. Les princes d'Italie ufurpoient fur tout le peuple. Dans cette fituation des affaires, le vieux Bentivole & les Médicis employerent une extrême douceur, pour qu'on oubliât la liberté, pour qu'on ne fongeât qu'à la volupté, pour que plaifirs étouffaffent les défirs ambitieux. Ces feigneurs devoient leur puiffance à la politique. Au lieu que les Sforces & plufieurs autres princes régnerent par la crainte, ne vivant point au milieu de leur peuple, mais dans leurs citadelles, environnés de gardes; ces feigneurs devoient leur puiffance à la force des armes. Tandis que les tyrannies de nos princes finiffoient avec la puiffance des grands, les jaloufies & les cruautés durent fe perpétuer en Italie, tant qu'il y eut parmi le peuple des hommes vertueux, amis de leur pays.

Génes, toujours orageufe, étoit déchue de fa grandeur : elle opprimoit la Corfe, & fe déchiroit elle-même : tantôt elle fut libre, tantôt gouvernée par de puiffans protecteurs, aujourd'hui par les Fregofes ou les Adornes, le lendemain par un tifferand.

De toute antiquité Venife maintenoit fon indépendance : le peuple y jouiffoit d'une liberté entiere, hormis dans la politique; les affaires d'état étoient gouvernées avec une vigilance qui ne fe relâchoit jamais, avec la gravité du Sénat de Rome, avec une circonfpection, & une profondeur de vues qui affuroit le fuccès de toutes les entreprifes. Depuis le **1171** Doge Ziani, la république régnoit fur le golfe: du tems de Gradenigo elle s'étoit for- **1294** mée en ariftocratie: lorfque Tiepolo voulut **1310** renverfer celle-ci, elle inftitua le confeil des dix. Dans cette république, la plus ancienne de l'Europe, peup'ée, riche & commerçante, aucun citoyen ne put jamais s'emparer du pouvoir fouverain. Elle avoit alors Chypre & Candie, elle étoit le rempart de la chrétienté; elle n'avoit qu'un feul côté foible, c'étoit la *terre ferme*.

Les paffages d'Italie en France étoient à la maifon de Savoie; il y avoit dans fes états un grand nombre de puiffans feigneurs; il falloit avoir bien de la fageffe & bien de la vigueur pour les ménager & les contenir. La race des derniers empereurs Grecs régnoit dans le Montferrat.

Louis XI n'avoit d'autre deffein que de fe rendre maitre chez lui; mais ayant occupé la Bourgogne, & fon fils ayant hérité la Bretagne, le miniftere de France crut pouvoir écouter les propofitions du cardinal

Sforce. Le duc de Milan, son frere, qui étoit un usurpateur, craignant pour sa puissance, oublia le danger de toute l'Italie & appella les François. L'entreprise s'exécuta sans la moindre conduite ; le roi de France n'avoit aucun talent. Mais à la premiere nouvelle de la venue des François, le roi de Naples expira de frayeur. Alphonse son fils & son successeur, saisi d'une terreur panique, croyant voir les esprits des seigneurs que lui & son pere avoient mis à mort, quitta le trône & s'enfuit de Naples. Bientôt Ferdinand, son fils, fut abandonné de ses sujets, dans la frayeur qu'inspiroit l'attaque furieuse des François, & le carnage que faisoient les Suisses. La même année que Ferdinand vint à mourir, qu'Alphonse abdiqua, que Ferdinand II fut chassé, Rome revit Néron dans la personne du souverain pontife ; les Médicis furent expulsés de Florence ; révolte de Pise ; nouvelle alliance du duc de Milan contre ces mêmes François qu'il avoit appellés ; perte de toutes les conquêtes des François, aussi subite que les conquêtes l'avoient été, dissolution de tous les liens

liens de la foi publique : aucun traité, aucun titre ne fut désormais respecté. A la superstition, à l'hypocrisie, succéda la pratique ouverte des crimes les plus énormes & l'asservissement de toute l'Italie.

Cinquieme révolution. On dit qu'un Anglois, malheureux en amour, alla fur mer pour fe diftraire, qu'il découvrit une île déferte, & qu'il la fit connoître à Don Juan Gonzalez de Zarco, Portugais, habitant d'une petite ville, située à un mille du cap S. Vincent. Henri, fils du roi de Pertugal, prince favant, amoureux de la vérité & de la gloire, avoit bâti cette ville pour y vivre avec quelques amis. Cette relation, & ce qu'il avoit vu dans les anciens, augmenta fon défir de faire des découvertes. Zarco & Triftan doublerent le cap Boyador : un orage les jetta fur Porto-Santo : delà ils apperçurent 1419 un point noir ; c'étoit l'île que l'Anglois avoit vue, couverte d'un bois épais ; elle eut de là le nom de Madere : Madere en portugais fignifie bois. Ce bois fut mis en feu, il brûla pendant plufieurs années ; enfin on planta le vin de Madere. Cet efprit entreprenant qui caractérife l'Europe, qui avoit conduît les Romains à la conquète du monde, qui s'étoit épuifé en de hauts faits de chevalerie pour de malheureufes princeffes, pour les beaux yeux des dames & pour le S. Sepulcre, cet efprit fe faifit avidement de ce riche champ de nouvelles avantures; chacun voulut découvrir; jufqu'à nos jours les nations fe difputent la gloire des premieres découvertes; des avanturiers de tout pays partirent à la fois, quelquefois plufieurs d'entr'eux découvrirent le même pays. C'étoit la folie du fiecle, mais elle avoit un principe très-fage. Henri, voyant les richeffes de Venife, auroit voulu puifer aux fources de ces richeffes. Les Negres apportoient de l'or & de l'ivoire ; on voulut favoir d'où ils le prenoient. Il eft difficile d'apprécier tous les renfeignemens que les Portugais ont eus; les Italiens fe glorifient de chofes à peine croyables. Toutefois Gama parvint à trouver une route aux Indes ; mais elle paroiffoit fort longue. Colomb, Génois, qui avoit étudié à Padoue dans un tems où tous les efprits étoient pleins de ces recherches, & qui avoit

1495

eu les journaux de Behaim , citoyen de Nuremberg & célebre navigateur , Colomb tenta d'arriver aux Indes orientales par la route de l'occident ; il trouva ce qu'il ne cherchoit pas , & le prit pour ce qu'il avoit cherché. Il tâcha de concilier ce qu'il voyoit avec les rapports de Marc Paul de Venife ; il y réuffit , & crut avoir été aux Indes Orientales : delà vient la coutume d'appeller les îles d'Amérique les Indes. Cette découverte n'étonna d'abord que des gens de lettres accoutumés à lire dans l'avenir. 1493

Quand je vois un nouvel univers , peuplé de mille nations inconnues , entrer tout d'un coup dans l'hiftoire du monde , la grandeur de toutes nos monarchies & de l'ancien empire Romain difparoitre devant l'immenfité de cette nouvelle fcene , un mouvement nouveau dans l'ancien monde , ce monde changer de face , & jufqu'à préfent incertain de l'événement , il paroit qu'il n'y a point eu de plus grande révolution que celle que cauferent ces découvertes. Lorfqu'à la tête de l'hiftoire moderne , & de celle de toutes les grandes chofes que ces découvertes ont produites & qu'elles produiront, je vois un simple citoyen de Gènes, j'admire les effets de la supériorité des lumieres.

Sixieme révolution. La renaiffance des lettres commença dans le quatorzieme fiecle, & fut développée dans le quinzieme.

Abrégé de l'hiftoire littéraire. 1°. *Tems de la fimplicité jufqu'à Périclès.* Du tems de la primitive fimplicité, la fcience confiftoit dans la connoiffance des chofes utiles. La forme de la fcience étoit adaptée à la compréhenfion de tous les hommes. L'hiftoire, mêlée d'allégories, contenoit la fcience, parce que tout le monde peut fentir, & que tout le monde ne fait pas raifonner : les idées générales font pour les favans, & alors il n'y en avoit point. Ceux qui vouloient rappeller un fait ou une fuite de faits ne pouvoient réciter tout un chant d'un poëme, le réfultat en fut rédigé en forme de fentence ; ces fentences étoient des allufions. Toute la fcience étoit en vers, pour qu'on pût la retenir plus aifément. Comme ces vers ne contenoient rien d'inutile, on en fit un ufage continuel ; c'eft ce qui les éternifa.

2°. *Tems du raffinement, jusqu'à Démofthene chez les Grecs, & jusqu'à Tacite chez les Romains.* Da la culture de la terre nàquit la richeffe. De la richeffe nàquit la divifion du travail : les gens aifés préférant des occupations faciles, ceux qui étoient moins aifés n'eurent point de choix. A force de s'occuper toujours des mèmes fujets, on conçut des idées nouvelles. Pour exprimer les idées nouvelles il fallut de nouveaux mots, & la langue s'enrichit. Comme tous les mots ne font pas également harmonieux, ceux qui vouloient plaire s'appliquoient au choix des mots; c'étoit l'occupation de ceux qui vouloient haranguer. La penfée vint à quelques uns d'inftruire les jeunes gens de leurs obfervations; pour cet effet ils déterminerent le fens de différens mots & les différens fens du mème mot placé différemment; il y eut des définitions, d'abord dans la rhétorique. Le climat donnoit tant de vivacité, le gouvernement laiffoit une telle liberté, qu'on fentoit beaucoup & qu'on ofoit exprimer ce que l'on fentoit; il falut des mots pour tant de nuances du fentiment. Les gens de lettres

raffinerent fur les fentimens & fur la langue.
On mit de l'art, d'abord dans l'expreffion,
puis dans l'arrangement des penfées ; on
vouloit que l'une fuivit l'autre, & que la
premiere fut la clef de toutes les autres ; peu
à peu le cours des chofes prépara un Ariftote.
Ariftote influa fur toutes les fciences ; partout
il mit de l'art. Mais les gouvernemens étant
populaires, l'art n'ofa pas s'éloigner de la
nature. Les principaux citoyens vouloient
régner ; l'on fit des livres pour eux. Les
anciens auteurs n'avoient écrit que fur la
conduite de l'homme ; ceux-ci eurent en vue
la conduite des états ; ce genre d'ouvrage
devint plus rare, quand la liberté fe perdit, & fe perdit quand la liberté fut oubliée.

3°. *Décadence des Lettres.* Ce n'eft pas,
comme on l'a dit, la marche de l'efprit humain qui conduit au mauvais goût, & il
n'eft pas vrai qu'on parvienne à s'ennuyer de
la nature ; mais après la perte de la liberté
chacun devint circonfpect, on ne parla qu'à
demi-mot. Comme on vouloit plaire à ceux
qui pouvoient tout, & qu'à la cour la nature
eft ce qu'on connoit & ce qu'on aime le

moins, & la finesse, ce qu'on aime le plus, les auteurs s'éloignerent de la simplicité. Les choses fines perdent leur mérite lorsqu'elles vieillissent, desorte qu'on en inventa toujours, & l'on s'épuisa. Homere & Lucrece, Hérodote & César, se ressemblent d'avantage dans leur simplicité, que Seneque, Lucain, Pline le jeune, & les écrivains postérieurs ne se ressemblent dans leurs jeux de mots & dans leur mauvais goût. Lorsque les savans ne se soucierent plus du peuple, le peuple méprisa leur savoir : les savans s'attachoient au gouvernement, & le gouvernement les paya; arrangement inconnu dans les anciennes républiques. Les savans y perdirent; les ouvrages composés dans les deux premieres périodes étoient faits pour durer aussi longtems que la nature humaine : ceux de la troisieme période perdoient leur mérite quand la cour changeoit. Le peuple y perdit réellement : les gens à talens s'attacherent aux grands, le peuple abandonné devint stupide & grossier. La perte de la liberté entraîna celle des sciences & l'abrutissement de la plus grande partie du genre humain.

4°. *Moyen âge.* Les peuples septentrionaux vivoient dans la primitive simplicité: leurs premiers historiens écrivirent avec simplicité; on pouvoit espérer que le bon tems reparoîtroit. Mais tandis qu'autrefois l'on sentoit & l'on pensoit, on étudia alors; les sciences devinrent un métier. Les savans se soucioient peu qu'on les comprit, pourvu qu'on les admirât. Ceux qui vivoient dans les cours croyoient vivre dans le monde; la cour étoit le monde pour eux: dès lors, connoître le foible du prince, du ministre, de la maîtresse, fut appellé connoissance du monde: toute la nation ne pouvant vivre dans ce monde-là, on oublia son existence; personne ne s'attacha à l'éclairer; ces peuples ne sortirent jamais de leur ignorance. La force tint lieu de politique: aussi les écrivains ne parlent plus des mœurs ni des loix, ils ne parlent que des batailles; & comme la force seule y décidoit, ils ne nous apprennent que l'événement.

Les lettres, nées au sein de la liberté, perfectionnées pendant ses progrès, avilies sous le despotisme des empereurs, furent anéanties fous le defpotifme facerdotal. Non feulement les auteurs n'enfeignoient plus rien d'utile ; il ne leur fuffifoit pas de dire des abfurdités , ils en firent des articles de foi ; car le gouvernement fubfiftoit par la ftupidité , & les favans par le gouvernement. Cet opprobre obfcurcit la gloire de l'efprit humain jufqu'au treizieme fiecle.

5°. *Renaiffance des lettres dans le treizieme fiecle.* La même année vit le rétabliffement de la liberté d'Angleterre par la grande chartre , & l'aurore d'un nouveau jour par la naiffance de Roger Bacon ; il fut fans contredit le plus grand efprit de tout le moyen âge. Les fruits de fon génie furent malheureux pour fa fortune , & d'abord peu fenfibles pour l'avantage commun. Pendant qu'il faifoit des efforts pour arracher le monde à la trifte léthargie dont on étoit accablé, les fciences renâquirent en Italie avec la liberté ; elles recommencerent , comme autrefois, par la poéfie.

Dans le quatorzieme fiecle. Bientôt s'éleva le génie du Dante : il parut avec une grandeur majeftueufe , & avec une originalité encore fauvage: on pouvoit voir en lui non feulement le poëte, mais l'homme d'état. D'abord après lui conta Boccace. Enfuite Laure & la fontaine de Vauclufe furent illuftrées par le Pétrarque. L'architecture reparut avec le Giotto.

Dans le quinzieme fiecle. Peu à peu l'efprit humain fe révolta contre le joug de la fuperftition. Quand on entendoit les Philippiques de Gerfon, quand on voyoit le concile de Conftance effrayé de l'indignation de ce grand homme contre les corrupteurs de l'églife, quand on eut à admirer le beau génie de Nicolas de Clémangis, l'élégance latine de fes ouvrages, & la noble liberté qui y régnoit, puis le zele ardent du Pogge pour les reftes de l'ancienne littérature, l'impofture de fauffes donations dévoilée par Valla; quand on voyoit Enée Sylvius Piccolomini, un des hommes les plus favans & les plus aimables, affis fur le trône de St. Pierre à la tête de la chrétienté, Platina louer tant d'anciens papes, & blâmer fi hardiment celui fous lequel il vivoit, le grand Savonarola partifan de la

liberté & ennemi de Rome, par-tout des
poëtes, par-tout des hiftoriens, une foule
de nouvelles erreurs, les fyftèmes les plus
prodigieux par leur abfurdité, inventés,
adoptés, foutenus avec enthoufiafme : l'efprit humain paroiffoit un géant enchaîné,
frémiffant dans fes fers.

Soudain reparut l'amour des anciens écrivains, &, comme fi l'on eût voulu les dé-
dommager d'un fi long oubli, ce fut un vrai
fanatifme. Alphonfe, roi d'Arragon & de
Naples, envoya une ambaffade pour demander un bras de Tite-Live enterré à Padoue :
il proteftoit qu'il aimeroit mieux perdre Naples & l'Arragon qu'une partie de fes connoiffances. Antoine de Palerme, voulant
écrire l'hiftoire, vendit fa maifon pour avoir
Tite-Live. Tout d'un coup recommença
l'admiration de l'Enéide ; on célébra Virgile
auprès de fon tombeau, comme on célébroit
les faints. Cicéron eut plus de difciples
qu'aucun autre grand homme ; les Cicéro-
niens eurent en horreur tous les noms propres & appellatifs, dont la latinité ne pouvoit être prouvée par les écrits de Cicéron ;

le chriftianifme fut traduit en langage payen.
Toutes les républiques, tous les rois, les
papes, les prélats, s’emprefferent, dès qu’on
fut imprimer, de publier tous les anciens
monumens du génie qui depuis plufieurs
fiecles étoient, fans honneur & fans profit,
cachés dans de groffes tours d’antiques mo-
nafteres. La longue fuite d’anciens auteurs
qui furent fauvés du naufrage commença
par les offices de M. Tullius Cicéron, im-
primés à Mayence l’an 1465. En même tems
parut l’ode d’Horace :

Diffugere nives, redeunt jam gramina campis.

Deux années après l’on eut Tacite, qui
avoit été trouvé dans l’ancien pays d’Armi-
nius, à Corbie. Dans l’efpace de trois ans
furent publiés tout Cicéron, Céfar, Virgile, Tite-Live, Pline l’ancien, Quintilien,
Silius & Lucain ; 12475 exemplaires des
anciens auteurs parurent dans la feule ville
de Rome.

De même que les anciens Huns, en en-
vahiffant l’empire des Goths, les avoient
précipités fur celui des Romains, il vint

alors du fond de la Colchide, de toutes les
parties de l'Afie mineure, de Conftantinople & de la Grece, une foule de gens inf-
truits, fuyant devant les armes du Sultan
Mahomet. L'an 1476 parut dans la ville
de Milan le premier livre imprimé en grec;
Conftantinus Lafcaris, de la race des anciens empereurs, publioit fon ouvrage fur
la langue grecque. Douze années après,
l'an de l'ere chrétienne 1488, parut, fous
les aufpices de Laurent de Médicis, pere
des mufes, Homere, dans la ville de Florence, par les foins de Démétrius Chalco-
condylas citoyen d'Athenes. Il n'y eut aucun prince qui ne fe fit honneur d'accueillir
les mufes fugitives de la Grece : non contens de les protéger, plufieurs princes ou-
blioient tout pour fe livrer aux lettres.
L'empereur Maximilien, Ferdinand roi de
Naples, Louis le Maure, Ferdinand le Catholique les protégeoient ; Laurent de Médicis avoit une ame faite pour en fentir les
charmes, il fut lui-même poëte. Doué de
toutes les graces de la jeuneffe, de l'efprit
& du bon goût, Laurent étoit animé par

l'amour de la gloire & de la volupté ; il fai-
1492 foit les délices & l'ornement de toute l'Italie : fa mort fut le fignal des malheurs ; il
avoit fu concilier tous les efprits, les réunir tous pour le maintien de la paix.

Les Grecs n'apportoient que des livres ;
le génie brilloit chez les Italiens avant leur
arrivée ; eux-mêmes en étoient dépourvus.
Il fut impoffible que le pape maintint la
ftupide ignorance & l'ancienne ferveur de
l'adoration. Dans un inftant toutes les di-
gues furent rompues : l'efprit humain dans
fa nouvelle liberté n'étoit contenu par aucun principe : on ne voyoit que des loix
qu'on rougiffoit d'avoir refpectées, dès-lors
on méprifa la religion, l'on brava toute dé-
cence. Les grands, les gens de lettres devinrent athées.

1507   Armé de toutes pieces, le cafque en tête,
Jules II marcha à l'âge de foixante & dix
1513 ans pour la délivrance de l'Italie. Quand
il vit les approches de la mort, il convoqua
le facré college, & parla avec une élo-
quence noble, à la maniere des anciens Romains, de la néceffité de délivrer l'Italie

du joug des barbares. Dans fon teftament
il ne confidéra ni la maifon de Rovere dont
il étoit iffu, ni les courtifans fes flatteurs.
Occupé jufqu'à la mort de plus grandes penfées, il mourut, en fouhaitant de voir les
héros dont il avoit imité les vertus. Mais
fous fon fucceffeur il régna à la cour de Rome d'un côté une prodigalité, une impiété,
un libertinage, de l'autre côté tant d'efprit,
tant d'amour pour tout ce qui eft beau,
qu'on pouvoit prévoir la chûte de cette domination par l'oubli de toutes les maximes
qui l'avoient fondée & maintenue.

Les Allemands & les Suiffes prirent les
chofes plus gravement. En Italie on lifoit
Horace & bientôt l'Aretin, en Allemagne
les auteurs graves & les peres de l'Eglife;
les Italiens apprenoient ce qu'il y avoit de
beau & d'agréable, les Allemands prenoient
un caractere de hardieffe. Chez eux les
mœurs pouvoient beaucoup; en France &
en Efpagne les mœurs pouvoient encore
quelque chofe; l'Italie n'eut ni loix ni mœurs.
Quand Léon X, preffé d'avoir de l'argent,
fit vendre des indulgences, (ce qu'on étoit

en ufage de faire depuis plus de quatre fiecles) les Efpagnols & les François en ache-
terent; leurs rois le vouloient. Les Allemands réfléchirent, examinerent, & refu-
ferent. La réfiftance de ces barbares n'en
impofa point à la cour de Rome. En cas
femblables, l'ufage étoit d'excommunier ;
Luther fut excommunié. Mais ce qui dé-
concerta les gens d'efprit qui vivoient à Rome, c'eft que Luther méprifa les foudres du
Vatican.

Il fe mit feul en avant contre le Souverain Pontife , dont huit fiecles avoient affer-
mi la puiffance : un particulier attaqua cet
antique empire , lié d'intérêt avec Charles V,
qui étoit fur le point de fubjuguer le monde. La foible protection de l'électeur de
Saxe ne pouvoit raffurer Luther contre l'empereur & les deux tiers de l'Europe, contre l'efprit Italien qui pouvoit lui nuire en
le ridiculifant, contre le fer d'une foule fa-
natique , contre les poignards , contre les
breuvages de 1000 fcélérats qu'aucun crime
n'effrayoit , moins encore celui qui expieroit
tous les autres crimes. Si Charles V , qui

régnoit

régnoit en Efpagne par l'inquifition, avoit pu l'établir parmi les Allemands, on peut conjecturer ce qui en feroit réfulté, lorfqu'on voit ce qu'eft devenue la nation de Don Michel de Cervantes, de Guévara, de Don Lopés de Véga. L'empire, du tems de Charles V, rifquoit de retomber fous le defpotifme & fous le joug des prêtres. Celui qui l'en arracha, celui qui le premier donna le fignal de la liberté de penfer, mérite notre refpect.

CONCLUSION.

Tableau de l'Europe au commencement de l'histoire moderne.

Quoique le Sultan Bajazet cultivât les arts de la paix, les Ofmanlis n'en furent pas moins redoutables : ce n'étoit point de leur chef que dépendoit leur puiſſance, mais de leur caractere ; la guerre étoit un article de foi, & toujours heureuſe par la valeur indomptable des troupes. Les chrétiens ſe crurent ſouvent en danger. Le fils du grand Etienne, prince de Moldavie, ſe ſoumit. Le vieux Ladiſlas, roi de Boheme & de Hongrie, en uſoit envers les Turcs avec les plus grands ménagemens. La Pologne fut puiſſante ſous les deux derniers rois de la race Lithuanienne ; les forêts dont elle étoit couverte firent place à des champs de bled : mais auſſi les anciennes mœurs céderent à un luxe que les hommes ſages redoutoient. Parmi les Ruſſes les diviſions ceſſerent ; le joug Tatare fut ſecoué ; les oppreſſeurs de cet empire furent forcés à le craindre. La Ruffie dut ces fuccès à Ivan fils de Bafile & au noble amour de grandes entreprifes qui animoit Sophie fon époufe. La maifon d'Oldenbourg avoit la réunion des trois royaumes en vue ; les Suédois l'avoient en horreur. Leur ancienne haine contre les Danois leur faifoit d'autant plus fortement defirer la liberté.

Tous les états du midi furent occupés du fort de l'Italie ; celui qui à fon empire auroit joint la conquête de ce pays , placé au centre de l'Europe, fembloit pouvoir devenir monarque univerfel. Cette grande querelle s'agitoit entre l'Efpagne & la France ; la maifon d'Autriche n'étoit pas affez puiffante , & l'Angleterre étoit trop éloignée pour pouvoir la décider. Les Efpagnols avoient une excellente infanterie ; cet avantage fut compenfé chez les François par l'alliance des Suiffes. Mais les François, pour s'affurer l'attachement des Suiffes , corrompirent leurs magiftrats. Les François n'étoient point aimés du peuple ; l'ancienne fimplicité des mœurs étoit eftimée par deffus

tout ; les mœurs tenoient lieu de loix : à
préfent encore, peu de cantons ont des loix ;
ceux qui font le mieux adminiftrés le font
fuivant des maximes que le bon fens dicte
felon les tems. Ainfi les gouvernemens Suiffes en fe déclarant pour Louis XII rifquoient
de foulever toute la nation, & le peuple
avoit alors toute l'énergie de fon ancienne
vertu. Les maifons d'Autriche & de France,
voyant les Suiffes dans cet état d'irréfolu-
tion, plaiderent fouvent leurs intérèts l'une
contre l'autre dans les affemblées de la république fédérative. Le mépris que les François témoignerent pour la ruftique fimplicité de ce peuple libre ruina leurs affaires,
& les Suiffes haïffant les Autrichiens, & ne
pouvant aimer les François, firent un troi-
fieme parti. Ils rétablirent les Sforces : en
mème tems ils pénétrerent jufques fous les
murs de Dijon : eux qui en Italie avoient
contrebalancé l'infanterie des Efpagnols
fembloient vouloir mettre fin aux plans de
Louis XII.

Pendant ce tems, le mariage de l'Infante
d'Efpagne, héritiere des rois Catholiques,

avec Philippe d'Autriche , dont elle eut Charles V, fit craindre la réunion de la puissance Espagnole, qui empêchoit la France de conquérir l'Italie , avec celle de la maison de Bourgogne qui avoit fait trembler Louis XI, & avec celle de la maison d'Autriche, moyennant laquelle on pouvoit attaquer l'Italie ou la France, ou à la fois l'une & l'autre. Cependant des empires furent découverts & aussi-tôt soumis, & l'Amérique fut pillée pour le profit de l'Espagne ; elle en imposa à toute l'Europe par l'éclat de l'or, dont elle sembloit vouloir payer la soumission de tous les petits princes & les suffrages de tous les états libres. Ces derniers croyoient voir dans le traité de partage du royaume de Naples, & dans la ligue de Cambrai contre Venise, un dessein manifeste de subjuguer les petits états. La ligue de Cambrai avoit manqué seulement par la division que le conflit de tant d'intérêts mit parmi les contractans ; il étoit clair que rien ne résisteroit, si l'Espagne pouvoit donner la loi à la France. Comment résister si elles agissoient de concert ! comment, fi elles fe faifoient la guerre, évitér la loi du vainqueur! Tel fut le premier problème de la politique moderne.

La confidération des grandes crifes de l'Europe eft le plus grand objet de la politique générale. Elle fait voir ce que nos peres ont eu à craindre, & les mefures qui ont maintenu la conftitution de tous les états. Elle fait apprécier leur force actuelle, la puiffance de ceux qui font à la tête des affaires publiques, & la crife décifive qui tient aujourd'hui toutes les nations en fufpens :

> O Navis, referent in mare te novi
> Fluctus, o quid agis! fortiter occupa
> Portum.
>
> HOR. Od. 1. 14.

CONSIDÉRATIONS

SUR

LE GOUVERNEMENT DE BERNE.

Quæ cura Patrum, quævc Quiritium.
                                    HOR.

DEux cent quatre-vingt dix-neuf per-
sonnes, assemblées en grand conseil, ont
le pouvoir souverain dans la république de
Berne; un sénat de vingt-cinq, présidé par
un advoyer, a le pouvoir exécutif & pro-
visionnel : des membres du grand conseil,
sous le nom de baillifs, gouvernent le pays;
la ville a 13,000 habitans, le pays en a
près de 330,000.

Bertholde, duc de Zéringuen, régent de 1191
Bourgogne au nom de l'empereur, fonda
la ville de Berne. Elle se peupla d'artisans,
d'agricoles & de nobles, dont l'union fit
la force. Ils n'avoient que des armes, des

champs & des troupeaux, ils ne vouloient
1231 que reſter en liberté, la ville n'avoit pas
un pouce de terrein ſur l'autre bord de
l'Aar (*). Longtems après ſon établiſſe-
1324 ment, & après pluſieurs victoires, la république acheta une ſeigneurie. Dès-lors
elle s'agrandit par le courage & la libéra-
lité des citoyens, & par la prudence du
ſénat, au point qu'après deux ſiecles elle
eut un plus grand état que Rome naiſſante
n'en avoit conquis dans un pareil eſpace de
tems. Les Bernois conſerverent cet état,
parce qu'ils eurent la ſageſſe d'en être contens. Ils poſerent leurs armes victorieuſes,
mais ſans en oublier l'uſage. De tout tems
il y eut des factions dans le gouvernement;
chaque parti ſurveilla les démarches de ſes
adverſaires: mais ni la férocité du moyen
âge, ni les meſures violentes que d'autres
ariſtocraties croyent devoir à leur ſureté,
ne ſouillerent jamais les adhérens d'un parti
du ſang des partiſans de la faction oppoſée.

(*) Berne eſt ſituée dans une preſqu'iſle formée par
l'Aar.

C'eft que le gouvernement, ayant été d'abord adminiftré par un corps de nobles, eut de bonne heure des maximes. Il déploya dans le maniement des affaires tantôt de la magnanimité, tantôt de l'art, & toujours une gravité qui ne l'empèchoit point de s'accommoder aux conjonctures.

Le pouvoir fouverain fut donné au grand confeil, compofé d'un nombre de magiftrats proportionné à celui des citoyens. On eut foin de ne pas trop augmenter le nombre de ces derniers ; mais comme plufieurs familles s'éteignirent, il fut ordonné que tout baillif devoit être marié, ou l'avoir été. Ainfi le gouvernement fut fauvé à la fois de l'oligarchie de certaines familles & du danger de perdre fes maximes par la réception d'une foule d'étrangers. Les huguenots, chaffés de France, furent accueillis dans des républiques zélées pour la foi, ou avides de richeffes ; l'efprit d'innovation & des nouvelles mœurs vinrent avec eux ; les Bernois rejetterent leurs offres, & ils font encore ce qu'ils étoient.

Le grand confeil fut compofé de nobles,

deſcendans des fondateurs de l'état, & dont les noms ſont conſacrés par l'hiſtoire & par la tradition , & de ceux des citoyens qui par leurs talens , leurs richeſſes, ou leurs adhérens , pouvoient ſervir & deſſervir l'état. Cependant quelquefois des perſonnes fort accréditées ne furent point reçues dans ce corps ; ſans cela chacun auroit tâché de parvenir , à force de ſe donner l'air d'un homme dangereux. Comme le déſeſpoir fait inventer des reſſources , & enhardit à des entrepriſes , le gouvernement adopta une maxime, propre à lui attacher par l'eſpérance les familles dont aucun membre ne ſe trouva être du conſeil ſouverain : ce fut de choiſir à chaque élection de ce conſeil (*) quelques membres de ſept ou huit familles qui depuis longtems n'y auroient point ſiégé , & de donner à ceux qui ne pouvoient pas être élus dans la magiſtrature des places du ſecond ordre, la plu-

(*) Ces élections ſe font lorſque plus de 80 membres ſont morts ; ſeize magiſtrats du même corps & les ſénateurs confèrent chacun une place, le reſte eſt donné par la pluralité des voix.

part lucratives : d'autres citoyens, & même les sujets, peuvent obtenir des bénéfices ecclésiastiques & des places d'officiers dans les troupes que l'état accorde à des puissances alliées. C'est un usage constant de ne prendre d'une même famille qu'un seul sénateur. C'est le sort qui donne des bailliages plus lucratifs aux uns qu'aux autres.

Dans cette constitution le pouvoir des familles nombreuses est contrebalancé ; tous les avantages sont compensés ; l'on veut que ceux dont les desirs se trouvent frustrés n'ayent à accuser que le sort ou les loix, & que tout le bien procede du gouvernement. L'excellence de ce dernier n'est pas dans ses loix, mais dans ses maximes ; l'ouvrage d'un législateur peut devenir mauvais par le laps de tems, au lieu qu'un sénat modifie ses maximes selon sa situation.

Comme l'usage de cinq siecles a confirmé l'habitude d'appeller conseil souverain celui des 200, on ne permettroit pas que le nombre de ses membres fût inférieur à 200, ni qu'il allât jusqu'à 300. S'il y a des sénateurs de la maison d'Erlach, ou de celles de Diesbach ou de Vatteville, ou de trois autres familles d'une fort ancienne noblef-fe (*), leurs noms font placés devant ceux de tous les autres fénateurs. Les formes de gouvernement deviennent facrées lorf-que tout retrace l'image de l'antiquité; la vénération du peuple s'attache aux noms de ceux qui jadis l'ont conduit aux triomphes & aux conquêtes. Deux fois les d'Erlach ont fauvé Berne du joug ou de la deftruc-tion; ils reftent feuls de ces nobles qui en ont jetté les fondemens. L'advoyer de Vat-teville, pour calmer une grande révolte, ne fit que fe préfenter.

Il fut permis d'avoir des caiffes de famil-le, dont l'argent eft deftiné pour fubvenir à l'indigence des fils de famille ruinés. L'on craignoit que la pauvreté de ceux qui gou-vernent ne leur fit commettre des injuf-tices, on craignoit des dangers femblables à celui dont Cicéron fauva Rome. Il ne falloit pas non plus que des familles devinf-fent formidables à force de tréfors; il fut

---

(*) De Bonftetten, de Lutérnau, de Mulinen.

défendu de porter au-delà de 100,000 livres les fonds d'un pareil établiffement.

· Quelque naturelle que paroiffe la jaloufie du pouvoir dans un gouvernement qui n'eft point armé, les anciens Bernois mettoient peu de bornes à celui de leurs généraux. Le chevalier d'Erlach eut le pouvoir d'un dictateur : au bord du Rhin & dans les plaines de Novare les officiers généraux prenoient confeil d'eux-mêmes. C'eft le moyen d'être libre que de favoir obéir.

Il y a deux efpeces d'ariftocraties. Les unes font appuyées fur le commerce ; une vigilance continuelle, & des vues profondément combinées font dans leur caractere : parce qu'elles craignent fans ceffe, elles infpirent fans ceffe là terreur : elles font des modeles, non pas de l'art de gouverner, mais de l'art de conferver le gouvernement. D'autres ariftocraties font militaires, nées du refpect que doit une armée à ceux qui la commandent. Ici regne le bon fens & non pas la fineffe, le courage qui en prévoyant tout ne fe défie de rien, la fermeté & la tendreffe paternelle : ici les fénateurs font à leur aife, l'état eft riche (*); au lieu que dans les ariftocraties commerçantes les fénateurs font riches, & fouvent aux dépens de l'état. Que la route du commerce change, que l'état foit conquis, ils ne feront plus rien; mais des militaires fauront toujours par-tout fe faire refpecter. L'ariftocratie de Berne fut d'origine militaire, & doit l'être toujours.

Anciennement les corporations de métier voulurent gouverner la république de Berne. Les cordonniers n'auroient pas fouffert que les fénateurs fiffent des fouliers, & ils croyoient favoir gouverner fans l'avoir appris. Le gouvernement n'eut garde de permettre le fuccès de cette extravagance; des loix fuffirent pour maintenir fon pouvoir, fondé dans la nature. de l'état.

Il y a des villes où les corporations de métiers élifent le magiftrat; ce qui l'oblige de favorifer leur monopole, & par là de gêner l'induftrie des fujets de l'état. A

(*) Privatus illis cenfus erat brevis,
Commune magnum.

H o r.

Berne les magiſtrats ne ſont point en con-
currence avec les artiſans du pays ; ils oſent
protéger ceux-ci , même contre les bourgeois , & cela fait que les ſujets ſont moins
attachés à ces derniers qu'ils ne le ſont au
gouvernement.

Les Bernois n'ont point de troupes étrangeres ; la conſervation de l'état dépend des
armes du peuple : on ſent qu'il faut la lui
rendre intéreſſante ; le meilleur moyen d'y
réuſſir c'eſt de le rendre le plus heureux des peuples. Mais il ne ſuffit pas
qu'il le ſoit, il faut qu'il en ſoit perſuadé.
Il eſt donc de la derniere importance de
veiller ſur les ſéducteurs du peuple. Ce
n'eſt point par des ſupplices qu'on pourra
détruire leur ouvrage ; les magiſtrats y
réuſſiront bien mieux en vivant parmi le
peuple dans leurs terres ; ils s'y feront aimer par leur généroſité & leur affabilité,
& occaſionnellement ils inſtruiront le peuple de ſes véritables intérèts. Ce n'eſt pas
un peuple paſſionné ou ſophiſtique ; il eſt
bon, il a l'humeur tranquille & un ſens
admirable. .

Autrefois la plus grande partie du pays confiſtoit en des terres ſeigneuriales: des grands barons y exerçoient haute & baſſe juſtice. Ils étoient pour la plupart ennemis de la république. Les Bernois les vainqui‑rent; mais ce fut pour en faire des citoyens & des ſénateurs; on ne les dépouilla ja‑mais. Quand l'expérience les inſtruiſit des beſoins de l'état, ils conſentirent à ce que leurs ſujets ſerviſſent la république de leur ſang & de leur bien, comme les citoyens mêmes. Comme les ſeigneurs furent dans la magiſtrature, ils permirent à leurs ſu‑jets de porter au ſénat les appels de leurs tribunaux. Les ſentences du ſénat portoient l'empreinte de l'équité. Les ſujets des ſei‑gneurs eurent en lui un protecteur contre l'oppreſſion & un défenſeur de leurs droits.

Dans ces tems un citoyen de baſſe con‑dition, ennemi des patriciens, parvint à la dignité d'advoyer de la république. Cet homme inconſidéré & violent voulut dé‑pouiller les nobles de leurs droits ſeigneu‑riaux. Alors tous les barons abandonnerent la ville; chacun ſe retira dans ſa terre;

Berne perdit tout fon luftre, & l'artifan fon gagne-pain. Le peuple en murmura; les cantons interpoferent leur médiation, & les nobles furent rappellés. Dans ce moment plufieurs de ces derniers céderent volontiers ce qu'il pouvoit y avoir dans leurs droits feigneuriaux d'incompatible avec la police d'un état: peu à peu les autres accéderent à cette convention. Après 122 années de négociation, le fénat eut l'adminiftration ou l'infpection de toutes les juftices feigneuriales: la chofe publique y gagna; les feigneurs furent puiffans, mais comme membres de l'état, non comme fes rivaux.

1420

1542

Après la fondation de l'état, le gouvernement eut pour maxime de prévenir avec bonté les demandes raifonnables que les fujets pouvoient lui adreffer, mais de n'accorder jamais ce qu'ils auroient exigé de force; cela auroit anéanti fon autorité. Souvent il confulta les communautés des payfans fur les guerres & les traités; auffi furent-ils toujours prêts à prodiguer leur bien & leur fang, & ne demandoient jamais où fe bornoit le pouvoir du fénat, mais où

F

étoient les ennemis. Le fénat regardoit le peuple non comme des fujets, mais comme des compagnons d'armes. Il pouvoit tout, lorfqu'il n'y parut pas; & le tems de la véritable liberté fut celui où l'on n'en parla point.

Le fénat eut foin d'éviter des conteftations avec les fujets; elles peuvent être fans péril fous un gouvernement armé; dans la conftitution républicaine il en eft comme dans l'éducation domeftique. Quelquefois des communautés fe rendirent coupables de fédition : elles furent punies par la perte de leurs privileges : puis ces derniers leur furent rendus, & en différens tems, pour leur faire fentir plus d'une fois que le gouvernement favoit pardonner, & qu'il aimoit le peuple. D'autres communautés avoient des privileges dont le fens étoit obfcur, ou dont le titre étoit incertain, on les confirma, quand les communautés le demandoient comme une grace. Les droits du peuple dans ce pays furent d'autant plus refpectés que dans quelques autres états on parut les méprifer ; le fénat vou-

loit faire fentir la différence de fes maximes d'avec celles d'un gouvernement qui
ne refpecte rien.

A la réformation de l'églife les démo- 1528
craties du voifinage refterent fideles à l'ancienne croyance. Sans cette diverfité de
culte les démagogues dans les Alpes de
Berne auroient fans doute, comme autrefois (*), cherché de l'appui chez de pareils
voifins. Les bailliages fitués dans ces montagnes font la partie de l'état fur laquelle
il faut veiller le plus.

Les petits cantons, qui ont des gouvernemens démocratiques, fembloient quelquefois difpofés à changer la conftitution
ariftocratique de la république de Lucerne;
ainfi Lucerne dut fe ménager l'appui des
Bernois. Comme Lucerne eft le premier
canton catholique, les ménagemens qu'il
eut à garder avec Berne modérerent les
maux dont le feu des controverfes mena-
çoit la Suiffe. D'ailleurs quand le peuple de

(*) En 1371, 1381, au commencement du feizieme
fiecle, & en 1528.

Lucerne comparoit fon gouvernement avec celui de Berne, ce dernier n'y perdoit pas.

1536   Lors de la conquête du pays de Vaud, & avant que les traités en euffent affuré la domination, la république fut prête à donner le droit de bourgeoifie aux nobles de cette province; mais comme ces feigneurs s'attendoient à rentrer fous la domination des ducs de Savoye, la plupart d'entr'eux négligerent l'offre des Bernois. Il ne s'éteignit pas affez de familles patriciennes de Berne, pour qu'il eût encore paru néceffaire de recruter le corps qui gouverne.

Les feigneurs du pays de Vaud jouirent de la paix & de la liberté dans leur province, & des privileges des Suiffes dans le fervice étranger. Le payfan fut protégé. Les villes conferverent leurs anciennes franchifes. Les divifions firent place au bon ordre. La population doubla, & le nombre des pauvres diminua de la moitié. On a tort de n'apprécier un gouvernement que par le bien qu'il fait; il faut lui tenir compte des maux qu'il épargne.

Le gouvernement n'eut garde de conniver aux injuftices des baillifs : elles furent rigoureufement punies. Par là le corps de la magiftrature conferva l'amour du peuple, & la dignité que les viles paffions de quelques malheureux auroient pu lui ravir.

Dans une république il n'eft jamais bon que le pouvoir foit d'un côté & la richeffe de l'autre, ni que le tréfor foit riche & le pays pauvre ; car il en réfultera l'un des deux, ou les magiftrats dépouilleront les fujets, ou ceux-ci pilleront le tréfor. A Berne le revenu de l'état & la richeffe du pays firent des progrès proportionnés. Originairement les principaux citoyens, convoqués par le fénat, payoient les frais des guerres, & le prix des domaines achetées au nom de la république. C'eft ainfr que leur affemblée devint le confeil fouverain des 200 ; les états - généraux de France & le parlement d'Angleterre ont la même origine. Les feigneurs, honorés du commandement dans les guerres, ou envoyés en ambaffades, engageoient fouvent leurs terres pour fournir à leurs dépenfes, fans qu'il en coutât rien à l'état. On a vu les magiftrats payer de leur bourfe la dette publique. Dans les pays achetés ou conquis, les Bernois ne leverent pas plus de revenus qu'il n'en fut levé auparavant; ils ne rétablirent aucun impôt que les poffeffeurs précédens avoient aliéné; ils permirent aux fujets de fe racheter des droits provenans de la fervitude.

Tandis que l'état percevoit peu de revenus, on tâchoit de dépenfer encore moins; ce fut la premiere maxime. Lorfque la profpérité publique eut augmenté les revenus (*), la feconde maxime fut de n'épargner aucune dépenfe capable d'accélérer les progrès de la profpérité de l'état.

La beauté, je dirois prefque la magnificence des ouvrages publics, répandit partout l'image de la félicité. Les orphelins, les veuves, les pauvres furent noblement foulagés, tous les habitans préfervés contre les malheurs des difettes, & des milliers de

(*) La population augmenta la confommation du fel, dont l'état a le monopole; les dîmes devinrent abondantes par les progrès de l'agriculture; la paix favorifa & le paffage des marchandifes & les fuccès des fabriques.

vagabonds rassemblés par districts , & soumis à la police. L'arsenal fut admirablement fourni. Des millions furent placés dans les fonds étrangers : un trésor fut destiné aux besoins imprévus ; l'administration des bailliages & des places subalternes valut aux Bernois près d'un million de livres de rente annuelle. Partout l'air serein & libre des habitans, leur aisance, leurs fêtes, leur contentement & leurs vertus présentent un tableau si rare & si touchant d'une félicité bien méritée, que ce spectacle doit être la plus belle récompense des fondateurs de cet état, si du séjour des immortels Rodolphe d'Erlach & Jean de Hallvil voient encore le peuple qui leur doit sa liberté !

Les cours changent, les factions s'entre-détruisent ; des maximes ne meurent point. La différence entre les gouvernemens vient de la différence de ce qu'ils ont à craindre : le sultan, qui a tout à craindre, est l'esclave de sa garde ; les chefs des factions permettent tout à leurs partisans ; le sénat de Berne, ainsi qu'un bon roi, n'ayant à craindre que les séducteurs de son peuple, s'est fait le pere de ce peuple.

LETTRE

SUR

LES TROUBLES DE LA RÉPUBLIQUE

DE GENEVE.

Athenae cum florerent aequis legibus
Procax libertas civitatem miscuit.

PHAEDR.

LA République de Geneve est composée de dix-huit-cent citoyens & bourgeois, de trois mille natifs (*), d'un grand nombre d'habitans & de quelques milliers de sujets. La population de la ville monte à 25,000 , celle du territoire peut monter à 5000 ames:

(*) Les natifs descendent de ceux qui en divers tems ont obtenu la permission de demeurer à Geneve sans avoir acheté le droit de bourgeoisie ; ce dernier ne donnoit point alors de pouvoir politique.

Les Genevois s'enrichissent à force d'industrie : on connoit leurs fabriques; celle d'horlogerie est sur-tout célebre; mais elle tombe en décadence, depuis que les montagnards de Neuchâtel, & d'autres habitans du mont Jura, fournissent les mêmes ouvrages à un meilleur prix. Ainsi les richesses des Genevois augmentent plutôt par une prodigieuse application à tirer parti de toutes les révolutions des fonds de France & d'Angleterre. On assure, & je le crois, que les Genevois ont plus de 120 millions de livres de France dans les fonds étrangers. Lorsque Mr. Necker emprunta 60 millions , cette seule petite ville en fournit au-delà de 15. Cette population & ces richesses sont de ce siecle.

Une foule de Huguenots , fuyant devant les dragons de Louis XIV , furent accueillis par les Genevois. Le sénat reçut un si grand nombre de bourgeois qu'à peine y a-t-il une moitié des membres du Conseil général qui au commencement du dix-huitieme siecle ait eu des ancêtres dans Geneve. Tant d'étrangers , qui ignoroient les anciennes maximes de la République, & dont plufieurs étoient portés aux innovations, durent influer beaucoup fur le gouvernement.

C'eſt alors que le goût de la fociété prit la place de cet amour d'une vie retirée & domeſtique qui avoit eu tant de charmes pour les anciens Genevois. Il y eut de grandes aſſemblées d'hommes fous le nom de cercles (*). Les liaiſons de cette ville avec les puiſſances maritimes, dans les fonds deſquelles Geneve a toute ſa fortune, & la forme du gouvernement, mélée de démocratie, donnerent aux converſations de ces fociétés une tournure politique. Les chefs de parti trouverent des facilités pour ameuter des factions; il leur fut aifé de réunir diverſes fociétés. Ils s'appliquerent à l'étude des *Révolutions de la république Romaine* décrites par Vertot; d'autres ſe parerent des principes développés dans *l'Eſprit des Loix*.

(*) Ils reſſemblent moins aux *Clubs* des Anglois qu'à ces *Hétéries* qu'il étoit défendu de former dans les anciennes républiques, & même en Suiſſe. Corn. Nepos en parle; les loix de Zuric & plus encore celles de Berne en font fouvent mention. (1301,72,92).

Le peuple Genevois fut le plus éclairé des peuples ; peut - être n'en fut - il pas plus heureux.

Ces différentes caufes , & d'autres que l'amour de la briéveté me force d'omettre , produifirent entre 1707 & 1770 les grandes crifes dont le détail vous eft peut-ètre connu. Une guerre civile qui éclata dans les murs 1738 de Geneve obligea Mr. de la Clofure , alors Réfident à Geneve de la part de fa Majefté Très - Chrétienne d'interpofer la médiation du Roi fon maitre. Le Roi étoit ancienne-ment allié de la République ; elle lui devoit beaucoup , & peut-ètre la liberté. Le Cardi-nal de Fleury , par une modération qui étoit dans fon caractere , réfolut de ne rien faire fans le concours de Zuric & de Berne , Can-tons alliés depuis longtems à la mème ré-publique. Mr. de Lautrec , miniftre pléni-potentiaire du Roi , & les députés de Zuric & de Berne , firent enfin un réglement dont un des articles ordonnoit la confection d'un code général des loix , us , & coutumes de la République. Le gouvernement fit la faute d'en différer la rédaction , plutôt par imprudence que par aucun mauvais deffein. Il fut enfin rédigé en partie par des Commiffaires, qui en 1779 en publierent la premiere partie: c'étoit un gros in quarto, & ce ne devoit être encore que le tiers de la législation.

Je craindrois de vous ennuyer en détaillant les diverfes plaintes des partis ; je me hâte d'arriver au tableau de l'état préfent des affaires.

La premiere loi du projet de Code étoit celle-ci, *le Confeil général eft le fouverain de cet état.* Ce confeil eft l'affemblée de 1800 citoyens & bourgeois ; les natifs, les habitans, ni les fujets n'en font pas. Cette loi, ou plutôt cette définition, faifoit du gouvernement de Geneve une ariftocratie extrêmement nombreufe : elle lui donnoit les inconvéniens des démocraties, & le privoit des avantages d'une ariftocratie modérée. Étoit-ce là l'efprit de la conftitution ? Point du tout, felon l'avis de quatre-cent des principaux citoyens dont les ancêtres avoient fondé & confervé ce petit état. „ La Sou-
„ veraineté abfolue ne réfide , felon eux ,

,, dans aucun confeil : chaque confeil a fes
,, pouvoirs ; la balance des pouvoirs confti-
,, tue le caractere d'un gouvernement ré-
,, publicain : il importe par conféquent
,, qu'aucun confeil ne puiffe empiéter fur
,, les droits de l'autre. Rien ne peut être
,, porté au grand confeil qui n'ait été traité
,, & approuvé par le petit confeil ; rien ne
,, peut être porté au confeil général qui n'ait
,, été traité & approuvé par le grand confeil.
,, Dans la nouvelle conftitution rien ne
,, feroit porté au confeil général qui n'eut
,, été arrêté dans les cercles , dirigés par les
,, chefs de parti ; la fouveraineté abfolue du
,, confeil général ne feroit que l'inftrument
,, d'un defpotifme clandeftin ; les chefs de
,, parti pourroient tout & ne répondroient
,, de rien ; il ne refteroit aux citoyens que
,, de fervir ou de trembler ; les voifins , les
,, alliés ne fauroient compter fur un pareil
,, gouvernement. ''

Rappellez vous , Monfieur , l'origine &
l'organifation du gouvernement de Geneve.

Les Allobroges ont fondé Geneve , on
ne connoit plus leurs loix. Après eux , l'hif-

toire de cette ville se perd dans celle de l'em-
432 pire Romain. Ensuite, l'armée des Bourgui-
534 gnons s'empara de Geneve. Les Mérovin-
giens parvinrent à régner sur les Bourgui-
879,88 gnons. La domination des Francs fut abolie
par le courage de deux seigneurs, qui furent
les restaurateurs du royaume de Bourgogne.
1032 Bientôt la maison impériale de Franconie se
rendit maitresse de ce nouvel état & le joi-
gnit à l'empire Allemand. La politique des
empereurs favorisa le tiers-état. Alors se for-
merent des corps de bourgeoisie. Pendant
ces révolutions Geneve fut gouvernée selon
la loi Gombette (*) , selon les Capitu-
laires (**), selon les actes des conciles & les
arrêts des plaids généraux. Les rois, de l'avis
des seigneurs , avoient prescrit ces ordonnances; sans doute que le peuple de Geneve
pouvoit , sous leur approbation, régler les
détails de sa police; mais, qu'il y a loin de là
au pouvoir souverain !

L'évêque de Geneve fut originairement,

––––––––––––––––

(*) Ouvrage de Gondebaud, roi de Bourgogne, 502.
(**) On les a depuis 554.

comme tous les évêques , proposé par le clergé & élu par le peuple ; les rois lui conficrent l'administration de la souveraineté. Il fut prince , mais il n'avoit de force que dans l'amour de son peuple. De grandes guerres anéantirent le pouvoir des empereurs , & ceux qui dans la suite furent revètus de l'ombre de leur dignité ne songerent qu'à leurs intérêts particuliers. Le royaume de Bourgogne fut négligé , oublié, abandonné.

L'évèque conserva son pouvoir jusqu'au tems où il favorisa le projet des ducs de Savoie d'assujettir Geneve. Geneve courut risque de passer du gouvernement paisible d'un prélat , dépendant de l'amour du peuple , sous la domination d'un prince puissant, entreprenant , & contre lequel Asti , Turin , & toutes les villes de son pays avoient vainement défendu leurs anciennes franchises. Dans cet extrème danger , les citoyens de cette petite ville , trahis par leur prince, trouverent des ressources dans l'amitié de quelques républiques du voisinage , & surtout dans leur propre fermeté. L'évèque se voyant perdu dans l'efprit du peuple, au lieu de rétablir fes affaires par une conduite fage, prit le parti de fe fauver. Dès lors Geneve fe gouverna par elle-même, & voici comment.

Depuis longtems la bourgeoifie élifoit, de tems en tems, quatre procureurs de la communauté fous le nom de fyndics ; un confeil ou fénat, compofé de vingt à vingt-cinq perfonnes, concouroit avec les fyndics à l'exécution des loix. Outre les ordonnances émanées du fouverain , plufieurs coutumes avoient paffé en loix ; & l'évêque permettoit aux Genevois de ftatuer en confeil général fur des objets de police.

Pendant les troubles qui précéderent la fuite de l'évêque fe forma le gouvernement actuel ; mais ce ne fut point d'après les plans de quelque homme fage, ou de quelque homme ambitieux (*) : la nature des chofes fut l'unique légiflateur des Genevois.

Ils

____

(*) Geneve ne doit à Calvin ni fa religion ni fes loix ; elle ne lui eft redevable que de fa célébrité.

Ils continuerent d'avoir leurs quatre syn-
dics , choifis annuellement par le confeil
général. Ils eurent, comme auparavant, le
fénat des 25 , chargé du pouvoir exécutif &
des jugemens qui n'en font qu'une bran-
che. Mais au lieu de convoquer le confeil
général pour chaque délibération ou réfolution , on élut deux-cents citoyens qui furent
revêtus *d'omnimode puiffance* (*) pour décider des affaires d'état. Ils furent un confeil
fouverain , ils eurent le droit des impôts.
Ce changement valut à la république l'avantage de la promptitude & du fecret : les
principaux citoyens eurent l'autorité que le
bien public exige qu'ils ayent : Fribourg &
Berne, républiques alliées de Geneve , l'a-
voient fenti , & avoient donné l'exemple
d'une pareille inftitution. Par la même rai-
fon , foixante citoyens eurent le départe-
ment des affaires étrangeres. Le confeil
général fut néanmoins affemblé , & pour
élire des fyndics , & pour agréer ou rejet-
ter les loix, impôts, & réfolutions que les

(*) C'eft le terme de la Loi de 1529.

G

autres confeils propofoient aux citoyens &
bourgeois. Les natifs n'étoient plus de ce
confeil général ; la chofe publique fembloit
exiger qu'il n'y eût que des propriétaires de
biens fonds (*) , intéreffés par là au maintien de l'état, & d'anciennes familles, depuis
longtems éclairées fur les maximes de ce gouvernement.

Telle fut la conftitution primitive de cette
république. Victorieufe dans le feizieme
fiecle, tranquille, mais vigilante, pendant
le dix-feptieme, elle parvint enfin à l'épo-
que des troubles dont je vous ai dit les
raifons. Depuis foixante & quatorze ans, le
fénat eft puni d'avoir dénaturé le confeil
général par l'introduction d'une multitude
d'étrangers (**), & d'avoir préféré le luftre
de l'état à la modération des défirs, à la fruga-
lité & à l'affermiffement du repos.

(*) Capita domorum.
(**) Dans l'efpace de 500 ans Sparte reçut deux
citoyens : à Geneve dans l'efpace de 70 ans on en a
reçu près de 1000. Auffi les maximes de Lycurgue ont
duré huit fiecles entiers ; le gouvernement de Geneve
n'en a plus.

C'eſt en vain que le roi de France, & les cantons de Zuric & de Berne, ont fixé & garanti les pouvoirs des divers conſeils. Celui des 25 eſt aujourd'hui preſque nul : en 1768 les chefs du peuple ont obtenu à main armée que le conſeil général pût dépoſer annuellement quatre ſénateurs : il l'a fait ; la plûpart des autres conſeillers, ſe voyant ſous le joug des démagogues, ont mieux aimé obéir que riſquer leurs places. En même tems le conſeil général a obtenu le droit d'élire la moitié de celui des 200, aujourd'hui compoſé de 250 citoyens ou bourgeois.

Cependant, comme ce grand conſeil n'eſt point aſſervi, c'eſt lui qui joue le principal rôle. Cent & cinq de ſes membres ſe font d'abord hautement déclarés contre le ſuſdit projet de code. Ils ont refuſé de prolonger aux commiſſaires le terme accordé pour achever leur ouvrage : ils ont conſtamment ſoutenu la balance des pouvoirs que la ſouveraineté abſolue du conſeil général alloit rompre. Leur nombre s'accrut bientôt ; ils n'eurent qu'une quarantaine de membres contre eux, le reste étoit absent ou mort (*).

Si le conseil général des citoyens & bourgeois avoit tout le pouvoir, les natifs seroient sous leur joug ; les autres conseils doivent les protéger contre le trop grand ascendant des citoyens. Les natifs en ont d'autant plus besoin que les loix émanées du conseil général les ont privés de la liberté d'exercer toute sorte de professions lucratives & honorables, & d'aspirer au grade d'officiers. En 1770, les démagogues en bannissant huit natifs les avoient aigris contre eux. Aussi les natifs sont du parti des 105, qui se nomment les *constitutionnaires*, parce qu'ils veulent maintenir l'ancienne constitution.

1779
Dec. 5 Dès que les 105 eurent manifesté cette résolution, mille citoyens du parti opposé montèrent à l'hôtel de ville, avec une représentation très-injurieuse envers le grand conseil des 200, & dans laquelle ils montrent un dessein ferme de maintenir la souveraineté du conseil général.

(*) On ne remplace les membres de ce grand conseil que lorsque cinquante en sont morts.

La veille de cette démarche étoit arrivée une lettre de Mr. le comte de Vergennes dans laquelle il déclara l'intention du roi de mettre fin aux troubles de Geneve. L'on voyoit bien qu'il connoiſſoit les démagogues & leurs menées. Il étoit aiſé à un miniſtre attentif de connoître l'état de criſe où ſe trouvoit cette république , frontiere du royaume.

Bientôt cette lettre fut ſuivie d'une autre lettre de Mr. de Vergennes, adreſſée à Mr. le vicomte de Polignac, ambaſſadeur du roi en Suiſſe. Il devoit inviter les cantons de Zuric & de Berne à joindre leurs bons offices aux efforts de S. M. T. C. pour calmer les diviſions des Genevois. Il ſera néceſſaire de vous mettre au fait de l'eſprit de ces deux gouvernemens, pour que vous ne ſoyez pas ſurpris du tour que les affaires ont pris.

Les différends des Genevois en produiſent chez les Suiſſes ; les uns ſont portés pour les conſtitutionnaires, les autres pour les démagogues. Ces derniers ſemblent craindre que ſi l'on aidoit la France dans ſon intervention aux affaires de Geneve, elle ne voulût prendre part aux affaires intérieures de chaque canton. Cependant l'exécution d'un traité de la France avec Geneve ne femble pas devoir changer les traités, parfaitement différens, de la France avec les Suiffes ; elle peut remplir le premier fans rien ajouter aux derniers. Si le roi veut terminer *de façon ou d'autre* (*) les troubles de Geneve, vu que le réglement de 1738 lui donne en effet la garantie de l'ancienne conftitution, n'eft-il pas plus fage de concourir avec lui, ainfi qu'il le défire, que de le laiffer faire tout feul ? ne feroit-ce pas trahir une des barrieres de la Suiffe ?

Mais Zuric, voulant éteindre à Geneve le feu de la divifion, couroit rifque de l'allumer à Zuric. Pour que le peuple acceptât un réglement qui détruiroit la prétendue fouveraineté abfolue du confeil général, il faudroit que le peuple de Geneve eût quelque chofe à redouter du refus de ce régle-

---

(*) Expreffion qui fe trouve dans la lettre de Mr. de Vergennes.

ment: or la France a remis, par le traité de 1738, le droit d'exécution armée de la garantie aux deux cantons. Les bourgeois de Zuric prétendent que le gouvernement de cette ville ne peut conclure de traité, & ne peut faire marcher de troupes, fans confulter les tribus de la bourgeoifie; le gouvernement n'eft pas de cet avis; mais on pouvoit craindre que ce différend ne produifit des troubles dans Zuric. Ainfi les Zuricois étoient peu difpofés à prendre part dans une affaire auffi délicate; Berne ne vouloit pas fe féparer de Zuric; le peuple de Geneve n'eut rien à redouter. Cette fâcheufe conjonĉture pouvoit faire manquer l'effet des intentions de S. M. T. C.

Les deux cantons, ayant reçu la lettre du miniftre de France, répondirent que ce feroit donner atteinte à l'indépendance de Geneve que d'entrer dans la difcuffion de fes différends. Pour que les garans puiffent agir, il faut qu'ils foient appellés par la république; mais le deux-cent ne peut correfpondre avec aucune puiffance étrangere: le confeil des 25, dépendant des démagogues, est le seul organe de la république ; comment voulez - vous que les garans soient appellés ?

Tandis que l'affaire trainoit en longueur, le tems augmentoit la fermentation des esprits dans Geneve. Enfin neuf cents hommes du parti populaire protesterent publiquement contre l'intervention des garans. Par-là, les constitutionnaires se virent privés de leur unique appui légal. Ils se virent obligés de faciliter à M. de Vergennes les moyens de sauver leurs loix. Ainsi les plus anciens magistrats que leur âge, ou le dégoût qu'inspiroient ces divisions, avoient depuis plusieurs années éloignés des affaires publiques, suivis de quatre cents des plus anciens citoyens, les optimates (*) de la république de Geneve, monterent à cet hôtel de ville où leurs aïeux avoient jadis cimenté les fondemens de cet état, & résolu sa défense. Là, en présence d'une foule prodigieuse de spectateurs, ils invoquerent solemnellement la garantie de leur ancienne

---

(*) Καλοι καγαθοι.

conftitution par le roi très-chrétien & par les louables cantons de Zuric & de Berne ; ils inviterent le fénat de fe joindre à eux dans cette démarche ; des couriers en porterent la nouvelle à Verfailles, à Berne & à Zuric.

Le roi très-chrétien n'en fut pas plutôt informé qu'il promit de repondre à la confiance que les conftitutionnaires avoient mife dans fa bienveuillance, & de remplir le traité qui donne à la couronne de France la garantie des loix de cette république. Il a intérèt que Geneve refte fous un gouvernement qui puiffe répondre d'elle ; or il femble que plus les corps qui gouvernent font nombreux, plus ils font peuple ; le peuple n'a jamais de maximes, il n'a que des paffions ; & qui peut répondre de fes caprices ?

Les Suiffes balancent encore ; mais il eft à croire qu'ils joindront inceffamment leurs députés au miniftre du roi, & qu'ils rétabliront les loix & la paix. Comme les Suiffes defirent que Geneve foit tranquille, ils voudront détruire les germes des divifions.

Ils veulent maintenir les loix de leurs cantons, ainſi ils ne permettront pas que les ſuccès de l'ambition démagogique faſſent naitre la diviſion parmi leurs ſujets; rien n'eſt plus contagieux que toute eſpece de fanatiſme. Pluſieurs gouvernemens Suiſſes paroiſſent chanceler: cependant ils ne ſont rien moins qu'oppreſſifs, mais quelquefois ils ne montrent pas aſſez de vigueur. Une république doit mettre autant de fermeté que de droiture dans ſes procédés; tout eſt perdu lorſque le gouvernement d'un petit état ſe relâche ſur ce qu'il a droit d'exiger.

Autrefois l'union valut aux Genevois des triomphes & la liberté: jamais depuis **Céſar** cette ville n'a autant fleuri: elle fut la capitale de l'égliſe proteſtante, & le ſéjour des lettres & des bonnes mœurs. Les bords de ce lac, nommé chez les anciens le lac des Sauvages (*), étoient devenus un jardin délicieux dans lequel un peuple libre jouiſſoit paiſiblement des fruits de ſon induſtrie. La plupart des citoyens étoient ai-

---

(*) Αοικος.

fés,, & nulle part les gens riches ne mon-
trerent plus de générofité : des étrangers de
tous les pays s'y rendoient en foule, les
uns pour s'inftruire, d'autres pour y trouver un afyle. On y voyoit à la fois la fru-
galité républicaine & la politeffe des grandes villes ; & peut-être n'y eut-il jamais plus
de connoiffances & de lumieres chez un
peuple auffi peu nombreux.

Maintenant Geneve eft plongée dans des
troubles, funeftes à fon repos, défagréa-
bles à la France, dangereux pour les Suiffes, pernicieux à tout état libre. Le fénat
a commis des imprudences, & il a montré
de la foibleffe ; la préfomption de quelques
jeunes gens a fait haïr le gouvernement de
leurs peres ; mais la bonté de ce dernier fit
profpérer Geneve. Les chefs du parti populaire ont repréfenté la richeffe, les talens,
les vertus comme autant de crimes : dès lors
la générofité même a paru une infulte, l'autorité des magiftrats a paru infupportable,
on a mis la liberté dans la défobéiffance.
Qu'il eft facile de révolter des enfans contre
leurs peres, des pupilles contre leurs tuteurs,

& un peuple contre ſes magiſtrats ! Eſt-il poſſible qu'un gouvernement libre , dont l'amour du peuple eſt l'unique appui, puiſſe réſiſter à l'art des chefs de parti qui depuis tant d'années travaillent ſans relâche à inſpirer au peuple la défiance & la haine ?

Il s'agit de l'exiſtence de la république de Geneve, ſans quoi je dirai peut-être que ce gouvernement mérite de périr ; pourquoi a-t-il permis ſi longtems qu'on ſappât les baſes de la conſtitution ? Eſt-ce donc en vain qu'Athenes, que Rome, que Florence ont péri par la même faute ?

Geneve ne périra point. Le roi de France de concert avec les Suiſſes ſaura pourvoir à ce défaut de prudence qu'a montré le ſénat ; ſa garantie ſervira de baſe à cette conſtitution. On prétend qu'elle eſt injurieuſe à l'indépendance de la république. L'on pourroit demander de l'autre côté, ſi des diviſions éternelles , allumées par une ſucceſſion infinie de démagogues, rendront cet état plus fort ? s'il ſera mieux aſſuré pendant l'orage que dans le port qu'on lui ouvre ? enfin, s'il ne faut pas que tout édifice ſoit poſé ſur un fondement? On a ébranlé celui de la conſtitution de cette ville; après cela il faudra ſe contenter du bien puiſqu'on n'a pu ſouffrir le mieux.

P. S. Je ne m'étois point trompé : les louables cantons viennent d'accéder à la médiation propoſée par le roi très - chrétien. Dans le grand conſeil de la république de Berne cet avis a été réſolu par une pluralité de 150 ſuffrages contre 9.

F I N.

TABLE DES MATIERES.

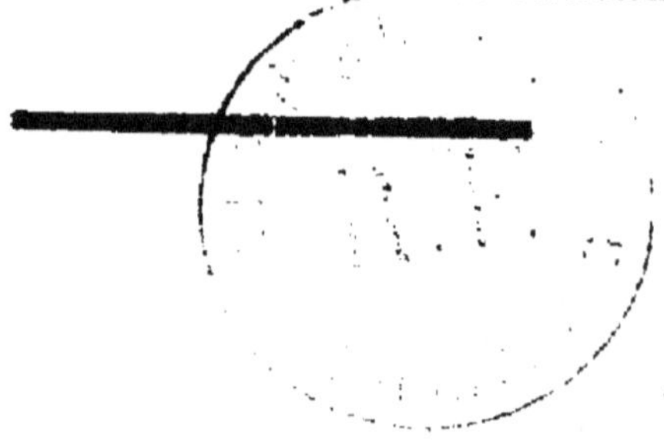